1

VIAJES EN EL TIEMPO

VIAJES EN EL TIEMPO

COMUNICACIÓN - COMPRENSIÓN - CREACIÓN

Omar Peña Grau

A Carmen, Tamara, Carola, Matías y Camila,
que han viajado por todos los tiempos, en mi conciencia.

A TI (lector)….

…Para que conozcas, comprendas y creas con tu conciencia.

INDICE

PRESENTACIÓN

Una Expansión de la Conciencia Ecológica[1]

La significación que tiene para mí, estar en este minuto con ustedes, radica fundamentalmente en el haber contactado con Omar en los inicios de su caminar por la Programación Neurolingüística (PNL) y, de ahí, fuimos tomando conocimiento de su inquietud fundamental. Participamos de un taller, donde está condensado gran parte de lo que relata don Rolando. Yo encuentro que la virtud, el mérito grande que tiene Omar, y el mérito grande que se traduce en el texto, es que esto de modificar el campo de la conciencia, él lo logra a través de la palabra, a través del ejercicio y no a través de una sustancia química que nos pueda producir algún tipo de alteración. Es decir, la herramienta de trabajo que Omar ha encontrado, y que entrega, es absolutamente ecológica y se puede trabajar a cualquier nivel, y en esto hay un poco de comunión entre lo que hace la PNL, las inquietudes de Omar y lo fundamental de él, es que permite con estos atrevimientos a unir la física con el campo de la conciencia. De otra forma, uno no se explica, por ejemplo, cómo en el campo de la meditación o en el campo de la relajación que él nos entrega en el texto, podamos meternos dentro del cuerpo de un animal y sentir las percepciones que el animal está viviendo. Cómo, por ejemplo, en otro campo, introducirnos en un trozo de metal, y percibir qué es lo que nosotros somos capaces de recoger en este caminar por el interior del cuerpo de metal. Todas estas son expansiones de la conciencia porque hasta el minuto en que nosotros a través del ejercicio que Omar nos entrega, el trozo de metal es algo que está inerte, que no tiene para nosotros ningún otro significado que se le pueda aplicar en el campo, tal vez de la industria, sin embargo, él toma el trozo de metal, nos hace introducir en el trozo y nos hace experimentar que es lo que hay en el interior. Eso yo creo que es uno de los grandes atrevimientos que, cuando Don Rolando dice, que son pocos los que se atreven a unir la física con la conciencia, Omar lo logra, además, y no solo lo digo por el texto, sino por la experiencia que nos hizo vivir en algún momento, de ponernos en contacto con sonidos arquetípicos; cuando nosotros estamos en contacto con esos sonidos y que él lo plantea en el texto, nos va produciendo una reacción absolutamente nueva, distinta y desde esa dimensión de estar sintiendo estos sonidos de manera absolutamente diferentes nos proyecta hacia la realidad, hacia lo que nosotros estamos viviendo en lo cotidiano y, ahí, es donde nosotros podemos entonces aplicar lo que estamos recogiendo de estas experiencias. A mí me complace y me produce una satisfacción muy grande, saber que hay personas como Omar que

---

[1] Presentación de "El Universo en una Caverna" en la Feria Internacional del Libro, Santiago octubre 2005, por el señor Guillermo Bruna, Master y profesor de PNL.

están preocupados que en este minuto la sociedad nuestra se va deteriorando y, en este deterioro, él habla que va a tener que llegar a su fin la **sociedad de la comunicación** que estamos viviendo, para llegar a la **sociedad de la comprensión**, para saltar después a la **sociedad de la creación** solo teniendo la imaginación suficiente para arrancarnos de los límites de los espacios de la física, para adentrarnos en lo que la conciencia nos puede entregar, como un vehículo de imaginación. En la medida, en que nosotros tomamos contacto interno con nuestro ser, nos vamos en una relación de relajación y meditación por el interior del cuerpo y vamos haciendo conciencia de lo que vamos encontrando está la posibilidad de que vayamos mejorando. Esto que parece o puede parecer un tanto lírico respecto del texto, yo lo he vivenciado con personas que lo han hecho en procesos patológicos de enfermedades como el cáncer, por ejemplo, donde mediante la relajación y mediante la meditación se hacen un recorrido interno y van encontrando cuales son las partes que están afectadas y solo con la imaginación, que es el vehículo que Omar hace que uno tome contacto y lo transforme como una cosa común y corriente en el texto, cómo a través de este caminar por el interior, uno puede producir cambios y es hacia eso que él orienta su texto, a encontrar personas que se atrevan a saltar, junto con él, desde la física de la conciencia y, desde ahí, empezar un caminar por una mejoría, de tal manera que nosotros podamos saltar de la **sociedad de la comunicación** hacia la **sociedad de la comprensión** y, en definitiva, llegar a la **sociedad de la creación**. Yo, íntimamente siento una satisfacción muy grande de poder transmitirles esto, que está en el texto de Omar, y además que yo lo he vivenciado, como les decía, en un taller que él dirigió, donde participamos como alumno, no obstante que yo había sido su profesor en la universidad de PNL y, el hecho de caminar por el interior de la persona, hace que nos acerquemos más al fenómeno de la conciencia, porque, tal como él lo dice, son muchas las inquietudes que nos plantea la conciencia, son pocas las respuestas que nosotros encontramos en el vivir cotidiano pero, cuando nosotros nos adentramos, mediante la relajación y la meditación por el interior nuestro vamos encontrando que el hablar y tener contacto con la conciencia nos va facilitando mucho las cosas. Yo agradezco mucho que Omar haga este aporte, a este trabajo de acercarnos a los niveles de conciencia que nos permita una expansión y que esa expansión se generalice, yo digo, desde el infante hasta el adulto, porque es **una expansión de la conciencia** absolutamente **ecológica**.

Guillermo Bruna
Master y Profesor en Programación Neurolingüística (PNL)

INTRODUCCIÓN:

¿Qué es un viaje en el tiempo?

La imaginación del hombre lo ha llevado a pensar que, en algún futuro lejano, pudiera construir una **máquina del tiempo** que viajara más allá de la velocidad de la luz. Según la teoría de la relatividad, la velocidad de la luz es energía (y/o partículas elementales) en movimiento. Mirado desde esta perspectiva, pareciera que esta máquina solo es una fantasía que jamás se logre alcanzar. Ningún cuerpo puede alcanzar la velocidad de la luz pues se transforma en energía de acuerdo a Einstein ($E = mc^2$). Sin embargo, ya existe un camino. La hipótesis de este libro[2], es que ya existe una máquina del tiempo y que hasta el momento la hemos ignorado. Se trata de que nosotros, nuestro cuerpo es la máquina del tiempo y nuestra **conciencia cuántica** (fotón) es el viajero del tiempo[3]. Ahora llegamos a la comprensión de que la única forma de viajar más allá de la velocidad de la luz es a través de la **energía de conciencia.** Hoy tenemos los medios y la tecnología de la mente que permite, en meditación con música, trascender la identidad hacia aves, peces, animales, vegetales, minerales y humanidad en general; trascender el espacio, trasladándonos hacia otros lugares, y trascender el tiempo, viajando a otras épocas. Además podemos acceder al conocimiento directo de la relación de los objetos con las personas (psicometría) y obtener información clarividente y telepática. Quizás la experiencia más cercana a un viaje por el tiempo y espacio sea la del viaje en estados alterados de conciencia. La conciencia se expande y

---

[2] Se refiere al libro El universo en un instante de conciencia (2004).

[3] Una visión de la idea de la participación de la conciencia cuántica, obtenida en un estado alterado de conciencia: "Soy un fotón, que me desplazo por el universo del tiempo y el espacio. Me puedo identificar con cualquier cosa viva o "muerta" de este universo. Es decir, puedo trascender tanto mi identidad como el espacio-tiempo. Puedo transformarme en onda o volver a ser nuevamente partícula, dependiendo de mi intención. ¿Cómo llegué a eso? En un principio, estoy formando parte diminuta de una porción del cuerpo humano. Me siento como tocando o rodeando este cuerpo. Es, como si estuviera apagado, dormido, invisible, sin sonido, ni luz propia, casi inerte y, sólo vibrando en ondas incoherentes con otras porciones diminutas del cuerpo humano. De repente, como en una nube, algo me estimula y despierta y me lleva hacia el interior del cuerpo. Parece un sonido o una fuerza ondulatoria poderosa que hace que me mueva como en remolinos, cada vez más fuerte y empujando a otras porciones a seguir ese movimiento vibratorio y ondulatorio. Comenzamos a avanzar y retroceder en vaivén. Chocamos en las paredes, caímos y rebotamos en un lugar oscuro como un tubo largo o túnel. Al desplazarnos de nuestro lugar de origen tratamos de volver iluminando nuestra senda para no perdernos y, como todos avanzamos iluminando cada vez con mayor intensidad, salimos despedidos como en una sola corriente de luz y chocando en las paredes del túnel salgo al fin con todos, velozmente al unísono, despedidos fuera por algún lugar del cuerpo humano. Ahora veo, desde fuera, de donde venía, un cuerpo humano y, hacia donde voy viajando por el universo del tiempo y del espacio".

trasciende el espacio-tiempo además de la identidad. Esta experiencia ya se puede llevar a cabo en talleres de meditación. Uno de los participantes que por primera vez efectuaba este proceso, en un instante vivió la siguiente experiencia: "Salí expulsado por una enorme energía luminosa. Fui proyectado hacia el cosmos, crucé tres soles y visualicé un color azul profundo". Para él fue una experiencia real.

Si bien en condiciones ordinarias, a cada instante, ingresamos a esa trascendencia del tiempo, no somos conscientes de ello pues se produce a niveles de microsegundos.

El desdoblamiento o "trascendencia del cuerpo" conscientemente es una sensación raramente producida a veces en forma espontánea. Pero es posible experimentar conscientemente el proceso de trascendencia de identidad, del espacio y del tiempo mediante técnicas de alteración de la conciencia como son la hipnosis, la meditación y relajación. Durante los talleres de meditación y relajación que he efectuado en años anteriores, se han producido a veces estos efectos sin haberlos buscado. Para algunas técnicas, como visualización libre la persona puede experimentar la sensación de una metamorfosis de identidades (aves, animales, peces, vegetales, minerales y energía); en otras técnicas se obtiene la experiencia de trascender el espacio y el tiempo "viajando" en conciencia cuántica a otros lugares y a otras épocas. La persona puede experimentarlo como observador o como observador-participante. En este último caso ella "siente ser" la identidad asumida. Se obtiene conocimiento directo de estas experiencias (lugares, costumbres, comportamiento).

El libro *Conciencia*, intenta contemplar los alcances de una visión cuántica, compleja y holística del universo, en el sentido de que en un instante del tiempo, en nuestra conciencia, subsisten al menos dos tipos de conciencia, es decir, estamos percibiendo una conciencia sensorial y, en niveles de microsegundos, no percibimos la conciencia cuántica que está operando y anticipándose, a su vez, casi en el mismo tiempo (medio segundo antes de hacernos conscientes). Si el libro *Conciencia*, nos lleva por un viaje hacia la **comprensión,** entonces, en el conjunto de mi obra, especialmente en *Cambio de sentido y Espacios de la mente,* se nos entrega una profundización de un viaje hacia la **comunicación** del proceso de la percepción compleja. Ahora, corresponde sumergirse en el campo cuántico de trascendencia del espacio-tiempo con las herramientas de **creación,** que se despliegan en aquellos libros en el tiempo de comunicación. Entonces, acá, en *viajes en el tiempo* de la creación, sólo se muestran las experiencias de trascendencia del tiempo-espacio, que pueden lograrse con el proceso autonómico, con el propósito de tomar conciencia de la multiplicidad de los alcances de la conciencia cuántica.

(I) TIEMPO DE COMUNICACIÓN

El desarrollo de la conciencia lleva a establecer otras formas no ordinarias de comunicación que trascienden las fronteras de la comunicación normal[4]. Durante nuestra vida paulatinamente se nos privó de la participación de esta otra comunicación silenciosa. Nuestra enseñanza fue orientada hacia una realidad material, lógica, permanente, objetiva, defensiva, programada, sensorial, no dual y de externalidad de Dios.

Se nos enseña que la realidad está definida sólo por la lógica, debiendo evitar la intuición o soñar despiertos. Veremos que la intuición es prudentemente una forma confiable y complementaria a la lógica.

Se nos enseña que sólo somos algo estáticos y permanentes. Veremos que somos los roles de lo que hacemos.

Se nos enseña que sólo lo objetivo es verdadero, evitando en lo posible lo subjetivo. Veremos que lo subjetivo puede abrirnos las puertas a otra realidad trascendente.

Se nos enseña que debemos adoptar una actitud invulnerable y defensiva. Veremos que existen formas de protección propias de la naturaleza humana.

Se nos enseña que debemos hacer las cosas en forma programada. Veremos que existen tiempos y lugares adecuados para realizar eficientemente las actividades.

Se nos enseña que sólo existe la verdad sensorial. Veremos que podemos acceder a otra percepción extrasensorial.

Se nos enseña que no existen dualidades de la conciencia. Veremos que en ocasiones podemos tener dos o más formas de percibir el mundo de la realidad.

Se nos enseña la externalidad de que Dios está fuera de nosotros. Veremos en experiencia propia, que Dios está siempre dentro de nosotros mismos.

---

[4] Por ejemplo, en estados ampliados de conciencia se puede percibir las sensaciones internas de un animal, o sentirse partícipe de las emociones de un grupo; comprender directamente el lenguaje de los animales, en una palabra trascender el tiempo, espacio e identidad, para el intercambio de la comunicación.

Complejidad y Comunicación

En el capítulo "El Ultimo libro de Cinco Páginas" de mi libro EL UNIVERSO EN UN INSTANTE DE CONCIENCIA, se señala que *"Un encuentro más es, el darse cuenta de que uno mismo se realiza y transforma, sólo si existe el encuentro con los demás, en una relación de carácter yo-tu; de involucrarse con el otro; de estar, ser y vivir en una comunidad auténtica; de percibir el mundo como una red inmensa de relaciones permanentes de seres humanos que buscan el logro de darse sinceramente lo máximo que puedan para los demás sin esperar recibir recompensa alguna por esa acción. Cuando se reúnen dos o más personas formando un grupo orientado hacia objetivos comunes, tradicionalmente se organizan estableciendo una estructura programática de acciones, cuya dirección queda en manos de un sistema jerárquico, rígidamente establecido que guíe las tareas y pasos a seguir en esta actividad. Por otra parte, en las comunidades tradicionales, se dan ciertas actitudes de sumisión conjuntamente a obstáculos externos que impiden, inhiben o limitan el crecimiento del individuo como persona.*

Quien no haya experimentado los beneficios de una comunidad (la mayor parte del mundo), no sabe o no reconoce cual o cuales son las ventajas de vivir este proceso. Desconoce, por ejemplo, la forma creativa en que funciona una verdadera comunidad. Tampoco percibe el sentimiento que embarga a quienes participan de esta experiencia: tranquilidad y alegría de pertenecer a este grupo especial que funciona también de manera especial. Es con ellos con quien nos gustaría pasar la vida en este planeta. Aún siendo una comunidad una agrupación de individuos, no hay distinción ni predilección entre ellos, el amor se comparte por igual, se escucha a cada uno de ellos estimulándolos a que se expresen y activen su participación personal, haciendo que todos se sientan líderes. Tampoco se establecen reglas, estructuras ni tiempos que limiten la expresión creativa de los participantes, como un Centro de Conciencia. El Centro, no tiene organización ni dirigentes sin embargo se organiza y dirige "libremente" al emerger las capacidades internas del individuo. El Centro no fija objetivos específicos sin embargo, sigue un camino predeterminado por la propia conciencia".

La **Psicología** establece la identificación de **estados de conciencia específicos**, en donde cada uno de ellos, es un mundo distinto con su propio lenguaje que incide en la percepción, pensamiento y comportamiento del individuo, lo que contribuye a definir distintas realidades. Si bien la cultura y educación juegan un papel importante en el establecimiento de un determinado nivel de conciencia, es factible experimentar otras formas de conciencia distintas a las que hemos estado habituados. Dado que existen diversos modos de fragmentación de la conciencia, aquí nos limitaremos al modelo Holístico. Se han demarcado 5 niveles de conciencia específicos: objeto, sujeto, comunidad, transpersonal y cósmico. Si bien, el individuo vive como unidad, está permanentemente en interacción con otros individuos. Aquí se integra la **Sociología** en la participación de los **factores relacionales entre individuos**. Es así, que los niveles de conciencia específicos se definen por la relación de los actores del proceso de cambio: Maestro, Intención, Objeto y Sujeto. Según sea el tipo de relación que se dé entre estos elementos, será el nivel de conciencia del individuo (sujeto). Así por ejemplo, en la educación tradicional, existe una frontera entre el Maestro y el sujeto, asumiendo este último el carácter de objeto. Si la frontera es con el objeto, el Maestro y sujeto asumen el carácter de sujeto, pues no hay fronteras entre ellos mismos. Si no existen fronteras entre los actores del cambio, se forma una comunidad. Si desaparece el Maestro, se trasciende la relación sujeto-objeto mediante el observador-participante del cambio. Si existe una desidentificación cósmica de sí mismo, sólo se observa serenamente el cambio. Es importante el papel que juegan los factores relacionales y los actores del proceso de cambio en los diversos campos y actividades del ser humano (Salud, Educación, Trabajo, etc.). El factor relacional juega un rol importante en el desarrollo del proceso de la meditación guiada con música desarrollado en este libro. El sujeto experimenta un cambio de los vínculos entre los actores del proceso de la meditación. Primero, al iniciarse la meditación, existe una marcada frontera entre el maestro (guía), la intención (objetivo de la meditación), el objeto de fijación de atención (música) y el sujeto (participante). El maestro comienza verbalmente a describir la intenciónalidad de la meditación, sintiéndose el sujeto separado de él. A continuación, al iniciarse la grabación, desaparece el maestro quedando solo sus instrucciones de la intencionalidad de la meditación. Luego al comenzar la música (objeto de concentración) el sujeto comienza paulatinamente a "olvidar" o dejar de pensar, primero en el maestro, después en la intención y por último en la música, quedando en una situación relajada de observador-participante, en que se funde el objeto con el sujeto, lográndose así la intencionalidad buscada.

"Si dos o más se unen en mi nombre, ahí estaré en medio de ellos". Esta sentencia bíblica nos dice que la comunión de personas reunidas de cierta forma, produce un cambio de nivel de conciencia. Es decir, la formación de una estructura de la mente humana tiene el potencial de transformación. Si consideramos que se une un grupo de personas como un sistema abierto, conformando con sus mentes una estructura disipativa (es decir, "una sola mente"), cada una de ellas configura un nodo, sujeto a bifurcaciones o fluctuaciones por la estimulación externa de ellas con la capacidad de encontrar cada mente individual, múltiples soluciones frente a una intencionalidad común para todas ellas. Todos los participantes tienen una meta (intencionalidad) común, pero cada participante tiene su propia imagen del objetivo-meta y en forma no lineal deriva hacia diversas soluciones al azar, aunque todos reciben la misma estimulación externa que mantiene lejos del equilibrio a la estructura disipativa en funcionamiento, cada mente elabora, de acuerdo a su particularidad, su propia solución o respuesta.

En el desarrollo del proceso de las experiencias en **meditación cuántica** realizadas en los talleres, se dan frecuentemente vivencias de **comunicación silenciosa**, que trascienden las formas tradicionales de intercambio de información entre las personas. Así, una persona en estado alterado de conciencia percibió que alguien pasaba sobre su cuerpo cuando el guía visualizó mentalmente esa acción. En otra ocasión, algo que ocurre a menudo, un participante de un grupo de meditación visualizó las mismas imágenes de los otros participantes.

Se puede asumir la conciencia de otro:

Cuando empezó el tambor, pedí que le diera un mensaje a alguien que estaba aquí que necesitara de mi amor y acogida. Pensé que a ella los tambores no le gustaban; estuve enviándole calma y mis cariños; y en eso estuve muchísimo rato, cuando después quise recibir el mensaje o buenas vibras de otros, solo vi que los tambores eran mis barrotes de cárcel, ellos no dejaban entrar ningún mensaje, ni ninguna energía, tanto que me sentí angustiada por algún momento, pensé que podría cambiar y que se abriría algún camino pero todo era café y muy terroso; y se cambió era muy molesto, me dio lata que no cambiara y abrí los ojos antes de tiempo, no quise seguir.

La comunicación silenciosa obtenida en la técnica de psicometría efectuada en los talleres, es otra forma de adquirir información respecto de la historia de un objeto. También, en la técnica de visión dérmica, obtenemos información por el tacto aplicado a la percepción de un texto.

La comunicación silenciosa, se ha descubierto en experimentos de diálogos entre personas que producen en el nivel microscópico, ciertos movimientos sincronizados en forma inconsciente que permanecen acoplados con las palabras emitidas y escuchadas. De ahí que la comunicación silenciosa, sería "una danza en la que todos los involucrados realizan movimientos complicados y compartidos a lo largo de numerosas dimensiones sutiles"(William S. Condon). En general la sincronización se mantiene con el interés o atención adecuada, y si por alguna razón se desvía esta, una pausa de silencio permite volver y reanudar la sincronización anteriormente perdida. Ahora bien, la sincronicidad que se obtiene en el diálogo, puede obtenerse también en la emisión de un sonido rítmico. Entonces, al escuchar un sonido el oyente estaría simultánea y sincronizadamente generando micro-movimientos, de igual frecuencia a la del sonido emitido y que supuestamente al acercarse las fases de ambos ritmos producirían un holograma de interferencias de frecuencias que permitirían el acceso a la realidad transpersonal a la cual fijemos nuestra atención e intención previa. Los estados alterados de conciencia conseguidos por los chamanes, a través del sonido rítmico de un tambor o la música siguen este patrón de comportamiento. El chamán fija una intención de su "viaje", limita o reduce su percepción en un aislamiento sensorial y visualizando un objeto, que le sirve de acompañante en el viaje, comienza el proceso de trance al escuchar el sonido rítmico del tambor.

La comunicación silenciosa obtenida en la meditación cuántica, tiene o puede tener gran importancia en el equilibrio de la salud en general. Un ejercicio de conciencia en sintonía transpersonal, permite obtener o enviar información en forma psíquica a una persona, grupo de personas, a un órgano del cuerpo, a un tejido o una célula. Así, por ejemplo, al igual que una persona se libera o reduce los problemas estableciendo una relación de comunicación con otras personas; a otro nivel, la mente tiene un efecto psicosomático sobre nuestro cuerpo; por último, a un nivel celular, en condiciones normales también el organismo establece una comunicación de las células con sus vecinas, de tal modo que ellas permanentemente regulan su posición relativa de crecimiento, comparando sus características y dimensiones de sí misma con su entorno y con el resto del organismo. Es decir, las células tienen conciencia de sí mismas y de las demás, en el campo de la conciencia celular.

Las aplicaciones de la educación sexual en forma virtual transpersonal, pueden favorecer la comunicación silenciosa en las relaciones de pareja de las personas y puede ser la base de una experiencia transpersonal de "unidad dual". Por ejemplo, una persona hiper-tímida puede mejorar la comunicación al entrar en un estado virtual transpersonal y experimentar un encuentro sexual con su pareja deseada e identificarse con ella plenamente, de tal modo que "perdemos nuestro sentido de identidad y nos convertimos en esa otra persona. Mientras ello ocurre, podemos sentirnos unidos a la fuente creativa de la que provenimos y de la cual cada uno de nosotros forma parte". En estas experiencias a pesar de sentirnos unidos a otra persona, mantenemos nuestra sensación de identidad. Por otra parte, conocida es la relación de la energía sexual con el despertar de la energía cósmica kundalini y, "es la base de una práctica yogui llamada Tantra, donde la unión sexual ritual es utilizada para inducir experiencias espirituales. El sexo tiene una dimensión transpersonal importante: Una unión sexual que se da en el contexto de un lazo emocional poderoso puede convertirse en una profunda experiencia mística: todas las fronteras individuales parecen disolverse y la pareja se siente reconectada con su origen divino". Algunos participantes de los talleres de meditación describían estas experiencias.

Viví, una relación erótica y sexual con mi pareja como nunca la había experimentado. Sentí enormes sensaciones de energía erótica que recorría mi cuerpo y mi mente. Me retorcía de placer erótico. Me cuesta expresar todas estas sensaciones, pero fue tremendamente grato y me produjo mucha felicidad.

Sentía vibraciones que subían desde los dedos hacia la cabeza y que cambiando de manos y empezar a hacer menos fuerza igual se mantenían las vibraciones, como si estuviera lleno de energía; era muy agradable, que jugaba con la energía; solo quería ir con la energía hacia arriba, era rico.

Se sabe, que situaciones de estados emocionales de aislamiento, desesperación, sentimientos permanentes de desamparo, abandono y temores generan estrés, y producen cambios en el sistema inmunológico y de la estructura arquetípica de la conciencia, que origina efectos perjudiciales al organismo y que alteran o pueden alterar la comunicación silenciosa entre las células provocando efectos en las formas de crecimiento de las células. Restablecer la comunicación silenciosa entre las células, puede ser el camino para eliminar o reducir la mal formación genética producida. Las células en condiciones normales se comunican silenciosamente entre ellas, sin distinguir la separación objeto-sujeto o de mente-cuerpo, de tal modo, que funcionan de una forma de conciencia de tipo observador-participante, que las mantiene en permanente contacto con la información de su entorno. Cuando el organismo se ve enfrentado a situaciones de estrés, se rompe este sistema de comunicación silenciosa e información y se aíslan algunas células, las que pierden el contacto (conciencia) de las células contiguas y comienzan a crecer en forma autónoma produciendo alteraciones de crecimiento en discordancia con el resto del organismo.

Las técnicas de relajación, **meditación cuántica** y visualización producen cambios positivos que reducen el estrés y ayudan a restablecer **la comunicación silenciosa** e información (conciencia) intercelular, recobrándose así el equilibrio homoestático perdido. Se han obtenido remisiones y curaciones del cáncer utilizando este tipo de técnicas, entre las que se destaca las empleadas por el doctor Simonton y las técnicas de Curación cuántica de Deepak Chopra.

La conciencia celular, sería entonces una forma de acelerar el proceso al complementar y regular el equilibrio psicosomático de la salud, obtenida tradicionalmente con los procedimientos aplicados en el ejercicio de la asistencia sanitaria. De esta forma, se nos responsabiliza en la mantención de nuestra enfermedad o regularización de la salud.

Uno de los grandes alcances de la meditación cuántica y de la comunicación silenciosa es la Experiencia del Ciclo Evolutivo (EXCE) o también llamada Experiencia Cercana de la Evolución, que permite experimentar el proceso evolutivo de la conciencia y el cerebro, al establecer comunicación silenciosa con los orígenes del Cosmos y la creación de las estrellas y planetas; la conciencia de formación de los minerales, vegetales y animales; la vivencia de nuestros ancestrales cavernícolas; el avance hacia la conciencia comunitaria moderna; las sensaciones y emociones de nuestros días; la expansión y trascendencia de la conciencia y la experiencia espiritual.

(II)   TIEMPO DE COMPRENSIÓN

Funcionalidad dual de la conciencia

Una de las características de la conciencia es su funcionalidad dual, dependiendo del espacio en que se encuentre. Al igual que los diferentes estados de la materia tienen propiedades particulares, la conciencia en cada uno de los dos espacios, sensorial (ordinario) y cuántico (complejo) tiene sus propias propiedades. Quizás esta característica de la conciencia, sea uno de los principales elementos que tenga incidencia en el proceso de desarrollo y evolución de la conciencia.

En conciencia sensorial (ordinaria), presenta las propiedades de adosarse a un envase (cuerpo) con características propias de la materia, de inmovilidad, de identidad o pertenencia, de ubicuidad, de temporalidad. En cambio, la conciencia cuántica de estados alterados (no ordinarios), adopta propiedades de deslizamiento de su sensación de envase (cuerpo) con características aproximadas a la energía, de movilidad, de trascendencia de la identidad, del espacio y del tiempo. Una característica importante de la conciencia en ambos espacios sensorial y cuántico (ordinario y complejo) es que la fijación de la atención, permite discriminar la propiedad específica en que nos encontremos. Así por ejemplo, si nos encontramos en conciencia sensorial (ordinaria), podemos prestar el foco de atención en un momento a sentir la conciencia en nuestro cuerpo, o a nuestra ubicación espacial y temporal, tomando esta experiencia como real en este campo. En espacios cuánticos (complejos), podemos prestar atención al cambio de identidad o trascendencia del espacio y del tiempo y también considerarla real en este otro campo transpersonal. En ambos casos es una experiencia virtual de observador-participante.

Obtener el equilibrio de los dos espacios de la conciencia (sensorial y cuántico), permite un desarrollo y evolución de la conciencia saludable, que puede tener enormes repercusiones en el funcionamiento de la humanidad. Mantenerse en un solo espacio "es incompatible con un comportamiento adecuado y con la supervivencia en el mundo cotidiano". La integración de ambas formas de percibir la realidad, contribuye a una "salud mental genuina". De ahí que, desplazar la orientación, de un espacio al otro, contribuye a un desarrollo sano y eficiente del funcionamiento de la conciencia. Sin embargo, este no es el paradigma que prevalece en nuestra cultura hasta ahora. La cultura occidental, ha tenido por eje en su paradigma de funcionamiento de la conciencia de un solo espacio (sensorial), con claro predominio en este contexto, de la materia sobre la energía.

La educación, salud, trabajo y comunicación, están orientadas con el paradigma de la conciencia como materia. Sin embargo, hay indicios y esperanzas que esto vaya cambiando en las próximas décadas. Con el avance de la ciencia y el reconocimiento de las nuevas formas de vida y aplicaciones de la tecnología de la conciencia dual, estamos cada vez más cerca del cambio de paradigma de la conciencia como materia (sensorial) a la conciencia como energía (cuántica).

Uno de los aspectos que contempla la visión de la dualidad de la conciencia, se refiere a la forma de percibir del cerebro. Se puede primero percibir con los cinco sentidos en conciencia sensorial (ordinaria) y segundo, se puede percibir con la estructura cerebral cuántica (u holonómica). Se sabe que el cerebro puede actuar de dos formas para recordar: tener localizado la función de la memoria en un lugar del cerebro o también, tener disperso en todo el cerebro la función de la memoria (como un holograma). De ahí que podemos decir, que somos individuos (con sus sentidos) y también somos seres holoides (con estructura cerebral holonómica). Esto significa que toda la información (recuerdos) del universo se encuentra en nuestro cerebro y que en condiciones especiales (estados alterados) podemos acceder a esta información. Así, toda la información del pasado, presente y futuro está contenida en nuestra estructura cerebral y de hecho nunca estamos desconectados de los demás. Entonces, todos los recursos ya los tenemos y solo debemos buscar una forma para extraerlos de nuestro interior. Esto es lo que persigue la funcionalidad integral de la conciencia a través de la meditación cuántica.

Es sumamente importante, que desde ya se inicie el proceso de cambio, de adaptarse a la funcionalidad integral de la conciencia, en todos los ámbitos de la cultura y educación, en su más amplio sentido. Si esto es así, traerá profundos cambios en la forma de percibir y actuar en el mundo del mañana.

Llevar a cabo este salto, no requiere de grandes cambios tecnológicos en el sentido de incorporar maquinaria y equipos. Sólo se requiere de un cambio en el modo de pensar y de hacer las cosas. Es más bien un cambio en la percepción y enfoque de la atención en el otro espacio de la conciencia, cuántico, que históricamente hemos dejado en el olvido. Es volver a recordar lo que somos y llegaremos a ser.

La estructura del átomo y holografía en la conciencia

Otra forma de ver la estructura dela conciencia, es asimilarla a la estructura del átomo. La materia está compuesta por átomos que históricamente, antes de Einstein, se suponía no podían dividirse ni destruirse. Con el advenimiento de la energía atómica, se liberó la enorme cantidad de energía que contenía el átomo. Al desintegrarse el átomo, se producía la explosión atómica, con la liberación poderosa de energía. Llevar a cabo un proceso similar en la estructura de la conciencia, trae aparejada la comprensión de que en el universo, los principios que lo rigen pueden aplicarse a diversos niveles de escala del conocimiento.

Ahora, si suponemos que la materia compuesta por moléculas es equivalente a una experiencia de conciencia compuesta por varios coordinados instantes de conciencia, **un átomo sería equivalente a un solo instante de conciencia.** Entonces, la descomposición (desintegración) del instante de conciencia en sus partes componentes, de acuerdo a los principios de la naturaleza, debiera liberar una energía encerrada y oculta en el interior del instante de conciencia (átomo). Durante el desarrollo de una experiencia de descomposición del instante de conciencia (similar a la desintegración del átomo) se liberan enormes cantidades de información (energía) que se regula en el proceso de la meditación disipativa con el control de la etapa de sincronización. Para conservar esa enorme cantidad de información en un pequeño espacio-tiempo solo es posible, con los conocimientos actuales, estar concentradas en un sistema holográfico, es decir, que en una pequeña porción del cerebro, se distribuya toda la información necesaria del nivel biográfico, perinatal y transpersonal de conciencia. Las estructuras disipativas como la meditación disipativa (MD) operan en el nivel cuántico que facilita la producción del proceso holográfico. El acceso a la memoria holográfica se facilita en cada instante de conciencia con la transformación de la intención en una imagen visualizada, que genera un patrón de búsqueda en la etapa de sincronización de las neuronas cerebrales (con la ayuda de la música), generando la estimulación neurológica que produce una corriente energética coherente y sincronizada en que se despliega la percepción virtual de la realidad buscada.

Modelación Matemática de un Instante de Conciencia

EL UNIVERSO EN UN INSTANTE DE CONCIENCIA nos sitúa en el estado de comunicarnos lo que vendrá con el desarrollo del proceso de la conciencia. En él se despliega la estructura de la conciencia en un modelo de percepción de la realidad, como resultado de una combinación de un medio y un proceso que deben efectuarse para acceder a la experiencia consciente o "desintegración" de la Energía de conciencia. Se menciona la similitud del instante de conciencia con la estructura del átomo. Así, al comparar la famosa fórmula de Einstein ($E=mc^2$) con la Energía de conciencia, podríamos generar un modelo que contemple la relación de la física con la conciencia. A continuación, comprendemos que para generar la Energía de conciencia (Ec) además de un medio, que en nuestro caso se trata de nuestro cerebro o masa cerebral (Mc); necesitamos también de un proceso autónomo que debemos efectuar mediante una combinación de elementos simples para generar así un sistema autopoiético, de estructura disipativa[5]. Los elementos a combinar son las etapas que comprende el proceso de ocurrencia de un instante de conciencia y se despliegan en tres ámbitos. Una intención (i) que inicia el proceso, le sigue la imaginación (visualización) o rememorización (r) que converge en sincronización con sensaciones (s) de sonido o tacto, que debemos repetir en el tiempo (2). De la interacción de todos estos elementos podemos generar un modelo matemático expresado en la estructura siguiente:

Si recordamos que en física:

$$E = mc^2$$

Entonces, en el campo de la conciencia tenemos:

Experiencia Consciente = Energía de Conciencia

Energía de conciencia = Masa o Estructura cerebral * Proceso autonómico

Si definimos:

Proceso autonómico = (Intención + Reconocimiento * Sensación)^2
Entonces:

$$Ec = Mc (I + R * S)^2$$

Sabemos que la desintegración del átomo de la materia, genera una inmensa energía.

Asimismo, la interacción del Proceso Autonómico en la masa o estructura cerebral, genera un enorme despliegue de información que está oculta al interior de nuestro cerebro.

---

[5] Esto de que la experiencia consciente emerja de procesos neurológicos efectuados en la materia cerebral se puede ilustrar con el ejemplo (F. Capra) siguiente, sobre la estructura y propiedades del azúcar. Al unir de cierta forma átomos de carbono, oxígeno e hidrógeno para formar azúcar, el compuesto resultante tiene sabor dulce, que ninguno de sus componentes lo tiene, pero emerge de la interacción de ellos. Más aún, el sabor dulce surge como sensación al interactuar con las papilas gustativas. Es decir, es una propiedad emergente de la actividad neural corporizada.

Entonces podemos juntar ambas ecuaciones de características similares aunque una pertenece al campo de la física y la otra al campo de la psicología:

$$E = mc^2 \qquad\qquad Ec = Mc\,(I + R * S)^2$$

Otra forma de expresar esta relación compleja es asimilar parte de los componentes de dichas variables (Proceso autonómico) con los conceptos de la geometría fractal. Las series de Julia (fractales matemáticos) representan imágenes fractales complejas generadas matemáticamente por procesos iterativos simples entre una variable compleja (z) y una constante compleja (c).

$$z \rightarrow z^2 + c$$

Ahora si consideramos a la constante (c), como la imagen intencional inicial del proceso autonómico y la variable (z), compuesta por las variables de reconocimiento (r) y de sensación (s) tenemos que:

Proceso autonómico = Intención + (Reconocimiento * Sensación)^2

Entonces, si:

$$z \rightarrow z^2 + c \qquad \text{se puede expresar también como} \qquad (R * S) \rightarrow (R * S)^2 + I$$

Esta expresión señala que el proceso iterativo de una imagen (I) frente a la variable de reconocimiento (R) interactuando con (S) generan sucesivamente un complejo patrón de imágenes que se mueve en un horizonte de probabilidades atraídas por la imagen intencional inicial (I).

Como vemos, la repetición de patrones que implica una estructura fractal se genera por reglas muy simples que derivan hacia sistemas complejos. Como señala F. Capra en La Trama de la Vida:

Ecuaciones sencillas pueden generar atractores extraños enormemente complejos y reglas sencillas de iteración dan lugar a estructuras más complicadas que lo que podríamos imaginar jamás.

ESTADOS AMPLIADOS DE CONCIENCIA (EAC).

Existe un fenómeno que emerge en situaciones de aislamiento y alteración de conciencia, que estarían en consonancia con los planteamientos de Jung, de que estos fenómenos serían visiones arquetípicas originadas en el inconsciente colectivo.

Un punto que hay que considerar es que estas imágenes pueden aparecer de dos formas, mediante un trance voluntario o de forma espontánea, como la descripción que nos hace Hank Wesselman:

Lo más importante era que había descubierto la presencia de una especie de puerta interior dentro de mí, una puerta que se habría periódicamente, permitiéndome vislumbrar niveles de realidad y experiencias que no hubiera creído posibles. Por lo general, al abrirse esa puerta tenía alucinaciones visuales: veía puntos luminosos, líneas laberínticas, zigzags, vértices y cuadrículas, que algunos investigadores de lo cognoscitivo han llamado "fosfenos". Casi siempre se oía un sonido formidable, continuado y sordo, acompañado de abrumadoras sensaciones físicas de fuerza o poder, que me dejaban paralizado durante toda la experiencia, y su intensidad hubiera sido aterradora de no ser por su exquisita naturaleza.

La experiencia de luces, es una de las experiencias de mayor frecuencia y de más fácil acceso en el proceso de la meditación. En muchas ocasiones estas sensaciones se ven mezcladas con otras de distinta naturaleza. Antes de comenzar a profundizar la meditación, generalmente se perciben primero estas sensaciones como una etapa que debemos cruzar para adentrarnos en la profundidad de la conciencia. Se asimila esta etapa a la visión entóptica, de los chamanes del paleolítico.

Emergencia de luces: Es la característica principal que sustenta la presencia del "objeto" no identificado.

Desplazamiento de luces: deslizamiento y virajes veloces e instantáneos por el espacio aéreo.

Desaparición de luces: Breve duración del fenómeno con una repentina desaparición.

Los tres tipos de operaciones tienen alguna de las características de los procesos de la meditación cuántica:

- aislamiento sensorial.
- alta concentración.
- intencionalidad consciente y/o inconsciente.
- cansancio o agotamiento.
- estimulación sensorial.
- interacciones y/o perturbaciones sensoriales.
- autoorganización de procesos mentales (sistema complejo).

- emergencia de sistemas arquetípicos (luces).
- procesos recursivos inconscientes.

Dada las enormes distancias a desplazarse en el universo, no es posible que algún tipo de máquina pueda venir de estos remotos lugares por las razones expuestas a continuación. Además, debiera haber, después de más de 60 años que se tienen noticias registradas por las fuentes modernas, pruebas sustanciosas, como elementos físicos (objetos) concretos disponibles en las investigaciones pertinentes. Si vinieran de otros tiempos o de otros sistemas a cientos o miles de años luz, ya habríamos contactado físicamente con ellos y tendríamos pruebas irrefutables de estos fenómenos. Sin embargo, esto no es así, como veremos a continuación.

Según David Lewis- Williams, los chamanes del paleolítico entraban en estados de trance dentro de las cavernas con ayuda de la obscuridad de la cueva y los sonidos rítmicos, produciéndoles un estado alterado que los hacía pasar por tres estadios: en primer lugar, el chamán ve formas geométricas, como puntos, zig-zags, espirales, curvas, retículas, imágenes brillantes conocidas como imágenes entópticas producidas por la estructura neurológica del cerebro. En segundo lugar, estas imágenes se transforman en objetos dependiendo de la intención (cultura e intereses) del chamán. Por último, se atraviesa un túnel, círculos girando (vórtices) para llegar a una transformación humano-animal (theriántropos). A continuación el chamán fija (pinta) las imágenes en la roca, que es la membrana que divide el mundo real con el mundo espiritual.

Hay bastantes indicios, de que en los finales del siglo XX y comienzos del XXI, se está produciendo un acelerado proceso de evolución inconsciente de la conciencia.

Prestar atención a la manifestación de actos inconscientes, no es más que hacer presente el inconsciente. Es un camino para llegar al inconsciente. Como normalmente no somos conscientes del inconsciente, existe acceso al inconsciente a través de experiencias espontáneas de la realidad, que difieren de lo normal.

Si bien, tener experiencias de estos procesos puede, quizás, significar que comenzamos a ir paulatinamente hacia el interior de nosotros mismos, haciéndonos cada vez más conscientes del inconsciente, se sabe y reconoce, que uno de los medios más adecuados para tener una evolución consciente de la conciencia, es seguir un aprendizaje estructurado, en alguna de las formas de meditación.

Cuando uno se involucra en un proceso de aprendizaje sistemático, en alguno de los tipos de meditación, percibe que de una u otra forma, en nuestras actividades cotidianas hemos estado realmente "meditando sin saberlo". De forma inconsciente, seguramente se ha participado de alguna forma de meditación. De ahí, pareciera que no fuera importante participar conscientemente en un proceso meditacional. Sin embargo, si se desea acelerar la evolución de la conciencia, es imprescindible embarcarse en algún proceso de aprendizaje sistemático de las diversas formas de meditación.

Antes de iniciarnos en las técnicas de meditación y conocer los mapas y caminos que conducen al territorio interior de la conciencia, veremos las experiencias de Crisis de Transformación como una forma espontánea de evolución inconsciente de la conciencia, y, en segundo lugar, la referencia de un Proceso de Transformación, o evolución consciente de la conciencia, durante el desarrollo en la investigación de la propia conciencia en experiencias de meditación y relajación.

Las crisis de transformación pueden ser el resultado de una enfermedad, accidente u operación, del cansancio y falta de sueño, del parto o del aborto, de una experiencia emocional o sexual, cambios en una relación afectiva, pérdida del trabajo o bienes, etc. En cambio, el proceso de transformación puede comenzar con la meditación y prácticas espirituales como la oración y contemplación.

Existen diversas experiencias en soledad que favorecen la aparición de estados alterados de conciencia como los descritos anteriormente: navegar en solitario, caminar por los bosques, escalar montañas, buceos en medio de corales, entrada en cavernas, astronautas en los vuelos espaciales, etc.

Una persona recibió, en un sueño, un mensaje de su padre fallecido, que señalaba un lugar donde se encontraba un documento perdido. En cuanto a una de las recientes percepciones no ordinarias, la experimentó una persona al tener una visión a través de las paredes, experiencia similar a la descrita por D.Lewis William, respecto de las figuras en las cavernas de los primitivos.

Uno de los alcances de estos fenómenos, es lo que se conoce como comunicación silenciosa entre realidades distintas. La mayoría de la gente no comprende que pueda existir otra realidad en esta realidad. Gracias a una mayor comprensión de la nueva física cuántica, podemos afirmar que ambas realidades son complementarias. Recordemos la teoría de la luz onda-partícula. La luz, para ciertos efectos se comporta como onda y para otras como partícula, y ambas coexisten. La conciencia, podríamos asimilarla a que en condiciones normales actúa como partícula y en estados alterados como onda.

Existe una relación estrecha entre la percepción ampliada de conciencia y la física cuántica. Para comprender esta hipótesis debemos, primero, introducirnos en las teorías de la física moderna y de las fronteras de la ciencia. Empezando con la teoría de Einstein, sobre la complementariedad de la materia y energía, ningún cuerpo puede alcanzar la velocidad de la luz pues se transforma en energía de acuerdo a $E=mc^2$, lo cual hace imposible el desplazamiento, a la velocidad de la luz, de un objeto desde distancias siderales (cientos o miles de años luz).

La física cuántica, sostiene que toda la materia es un sistema complejo de interacciones de energía y que el objeto, en última instancia, es la emergencia de un colapso de una función de onda producida por la observación. Los físicos, señalan que existe la materia oscura (invisible) que sostiene al universo y comprende más del 90% de la materia y energía del universo. Por su parte, Hugh Everett plantea la coexistencia de universos paralelos inaccesibles. Esto ha llevado a plantear la existencia de mundos o realidades paralelas (invisibles) en iguales momentos del tiempo y que los agujeros negros serían el "puente" entre los universos (Einstein-Rosen) que no se tocan, separados por membranas energéticas. La curvatura del espacio-tiempo, en ocasiones, como un fenómeno temporal, pone en contacto a estas membranas, que pueden perforarse como un túnel que "aloja el objeto que entra en ella" y que se cierra inmediatamente después que un objeto las atraviesa (efecto túnel):

Sólo el desplazamiento de la energía, desde una membrana interior hacia una exterior, es posible cuando se produce una curvatura del espacio y, dado que los cuerpos de la realidad física o membrana exterior, en condiciones normales, no pueden acceder a la realidad no física o membrana interna (materia oscura), creo que la experiencia de acceder a las membranas internas (otros universos) a través de los hoyos negros y/o agujeros de gusano, es una experiencia que se tiene en el campo cuántico de energía, a pequeña escala y, por lo tanto, la energía de la conciencia (fotón) tiene la capacidad de viajar por estos túneles del tiempo, no, así, el cuerpo físico, aunque todas las sensaciones las experimentemos en nuestro cuerpo a gran escala. Se trata de una experiencia trascendente de la realidad no ordinaria en estados alterados de conciencia obtenidos ya sea mediante técnicas de meditación cuántica o en ECM[6].

---

[6] Experiencias cercanas a la muerte.

Cuando se tiene la experiencia de comunicación intencional o espontánea de un estado de ampliación de conciencia, es porque se produjo una curvatura del espacio y un colapso de la función de onda en un estado alterado de conciencia. Es una interferencia de dos sistemas (membranas) independientes, que bajo ciertas circunstancias producen la emergencia de contacto de estos dos universos: el mundo de la realidad física (membrana externa) con el mundo de la realidad oscura (membrana interna). Es una interacción multidimensional intencional-espontánea de un choque de energía mental-física. Se asemeja al fenómeno de la sinestesia como interacción de sentidos de distinta naturaleza. Se define, esta como "condición algo peculiar en la cual los sentidos se entrelazan. Por ejemplo, una persona puede ver colores cuando oyen un sonido, o puede probar realmente palabras; estímulo de un sentido, se parece o causa un estímulo inadecuado de otro". En resumen, los sinestésicos ven sonidos, otros sienten colores o saborean formas[7].

Por otra parte, veamos el Campo Punto Cero, CPC[8] y su interacción con la conciencia. Para comprender ¿qué es el CPC? señalaremos las características que encierra este concepto de la física cuántica vislumbrada y/o investigada por estudiosos pioneros, tales como, Schrödinger, Heisenberg, Bohr, Pauli, Bohm, Pribram, Mitchel, Puthof, etc. De sus investigaciones se fue reuniendo información sobre el CPC, de la cual se pueden rescatar los siguientes aspectos:
- Los seres humanos son paquetes de energía que intercambia información con el CPC.

- Los seres humanos alteran ("crean") las partículas al observarlas o medirlas en el CPC.

- La percepción se produce por interacciones con el CPC. La realidad percibida se manifiesta en el instante en que se produzca el colapso de onda entre las partículas cuánticas.

---

[7] Según Hubbard, la sinestesia ocurre porque algunas partes del cerebro que perciben los colores están muy próximas a las que procesan el habla, el lenguaje y la música.

[8] Campo Punto Cero (CPC), de acuerdo a la física cuántica, respecto de la naturaleza fundamental de la materia, corresponde a un "mar pulsante de energía" y vibraciones microscópicas existente en el espacio entre las cosas. Es decir, todo está conectado con todo lo demás en una trama invisible. Estudiosos de la física cuántica, pioneros tales como Schrödinger, Heisenberg, Bohr, Pauli, Bohm, Pribram, Mitchel, Puthof, Laszlo, nos sugieren la comprensión de que el espacio invisible que existe entre los objetos forma parte esencial de la continuidad en la relación existente entre ellos y, por tanto, la mente permite crear realidades en ese espacio que lo impregna todo: el Campo Punto Cero. El Campo, En busca de la fuerza secreta que mueve el universo. Lynne Mctaggart.

- La intención, la necesidad y la atención, juegan un papel fundamental para la conexión con el CPC. La inhibición del hemisferio izquierdo (verbal) facilita el contacto con el CPC.

- El CPC es el campo de todas las posibilidades y no está limitado por el tiempo y el espacio.

- Las enormes capacidades curativas del CPC están al alcance de todos, pues todos se conectan inconscientemente, o pueden contactarse conscientemente con el CPC.

- La existencia del CPC nos dice que nunca estamos solos. Estamos todos conectados unos con otros y la separación es aparente, si consideramos el CPC.

El espacio existente entre las cosas o CPC, nos permite ver los objetos a una distancia (espacio-meta) de nosotros. Sólo vemos el origen (nosotros) y la meta (el objeto). De lo que ocurra entre nosotros y el objeto, somos inconscientes. Sin embargo, este espacio, desde el punto de vista cuántico, está lleno (no está vacío) de energía que no es visible, porque sus efectos se anulan y equilibran mutuamente. Como señala Mark Cominos[9]:

Al deducir que cada punto de energía tiene energía infinita que está convergiendo hacia este punto desde todas las direcciones y debido a que esta energía infinita está proviniendo simultáneamente de todas direcciones, entonces hay un momento de cancelación, se cancelan mutuamente y es por eso que esta cantidad de energía en el espacio es invisible.

La materia emerge cuando no hay equilibrio entre las infinitas manifestaciones de energía, que impiden la cancelación de ellas permitiendo, con ello, la visibilidad y manifestación de la materia. Podemos ver con nuestros sentidos físicos, las diferencias de energía, lo que hace la manifestación de materia. Así, la materia forma parte de la energía del Campo Punto Cero y esto nos sugiere que estamos conectados a una fuente infinita de energía y, como señala M. Cominos:

Podemos ver toda la materia como cristalizaciones del vacío. Nuestros cuerpos son entonces complejos de asimetría en el vacío que están sintonizados con este campo de potencial infinito. La energía no es más que apenas la superficie de un inmenso océano de espiritualidad viva. Entonces, en términos de nuestro desarrollo espiritual lo más importante es que nosotros debemos accesar y conectar a este campo de potencialidad pura en el espacio.

---

[9] Mark Cominos, físico, matemático y místico, que ha centrado sus estudios en la nueva ciencia del tiempo, la relación que existe entre la conciencia y la materia-energía, sostiene, que de acuerdo con la Física de la Energía Punto Cero, toda materia no es más que una modificación del vacío.

Es fundamental que creamos en este potencial de energía, pues de esto depende la construcción de nuestra realidad. Nuestras creencias tienen el poder de limitarnos al acceso a estos campos infinitos de energía (fotones de energía). La intención, atención y necesidad pueden dirigir estos fotones de vacío lo suficientemente, como para controlar estos fotones y activen e influyan en la materia.

Es una ilusión y limitación de nuestros sentidos percibir la apariencia de objetos separados. Pero si intentamos abrir nuestras capacidades, comenzaremos a sentir más allá de los objetos y personas separadas, sino como formando parte de ellos. Comenzaríamos a experimentar la unicidad de todo el Universo. Y esto se consigue con la capacidad de acceso a la energía del Campo Punto Cero, un gran almacén de memoria (akáshica).

Walter Schempp sostiene, en su teoría de la memoria cuántica, que la memoria a corto y a largo plazo no reside en nuestro cerebro, sino que está almacenada en el Campo Punto Cero. Pribram y Laszlo argumentan, a su vez, que el cerebro sólo es el mecanismo de recuperación y lectura del gran medio de almacenamiento de información (CPC). Los recuerdos no serían más que agrupaciones estructuradas de las ondas de información[10]. Entonces, el cerebro recuperaría información del mismo modo como procesa los mecanismos de la percepción ordinaria, mediante la transformación holográfica de patrones de interferencias de ondas.

De acuerdo a las investigaciones de Pribram, los procesos de interferencias o colisiones de ondas neurológicas ocurrirían en los espacios entre las dendritas de las neuronas, donde se establecen las sinapsis y emergerían las imágenes cerebrales holográficas. Así, la información contenida en las interferencias de ondas sensoriales se convierte en imágenes holográficas virtuales. Esto es lo que llevó a Pribram a afirmar que:

La percepción se produce a un nivel mucho más fundamental de la materia: el mundo básico de las partículas cuánticas. No vemos los objetos per se, sólo su información cuántica, y a partir de ella construimos nuestra imagen del mundo. Percibir el mundo es sintonizar con el Campo Punto Cero.

Un modelo de trascendencia

Los sentidos (visión, audición, tacto, olfato, gusto, cenestesia[11] nos dan una percepción de la realidad, como si participara un objeto externo, independiente de un sujeto observador. No se percibe la participación del sujeto en la creación del objeto observado. Sin embargo, sabemos, por investigaciones de laboratorio, que

---

[10] Esto explicaría, tanto los procesos asociativos que concentran las imágenes, sonidos, olores, como los recuerdos instantáneos, no secuenciales.

[11] Sensación general de la existencia del propio cuerpo, no ubica las partes del cuerpo.

la experiencia consciente puede ser investigada. Esta experiencia debe abordarse en una situación normal y ordinaria. En esta circunstancia inicial o primer paso, nos damos cuenta que deben existir elementos ocultos a nuestra conciencia ordinaria durante el desarrollo de una experiencia consciente, cualquiera sea ella.

Lo que está presente a nuestra conciencia, es una minúscula parte respecto de lo que acontece en forma "invisible". Sabemos lo que vemos y hacemos en una experiencia consciente, tan sólo de una parte mínima del proceso total. Debemos investigar la naturaleza oculta del resto del proceso de la experiencia consciente. En este punto, se puede partir de las investigaciones realizadas por Francisco Varela, de la existencia de etapas en un instante de la experiencia, que definen los módulos de participación del proceso (intención, reconocimiento, sincronización, respuesta)[12]. Hay que destacar, que estas cuatro etapas ocurren en tan solo 720 milisegundos. Es decir, cada etapa no es de más de 180 milisegundos. Entonces, cuando percibimos algo, con nuestros sentidos, y mantenemos, por ejemplo, la vista en un objeto por un segundo, cada una de estas etapas se repite y refuerza varias veces, lo necesario para que se produzca en forma inconsciente el reconocimiento y la sincronización para que emerja una respuesta. Si de alguna forma pudiésemos reducir esos "tiempos de espera", no se alcanzaría a reconocer los objetos ni sincronizar nuestro cuerpo-mente. Así, podemos decir, que en la práctica cada vez que percibimos "una sola vez" un objeto, en realidad ya hemos percibido esa sensación varias veces en tan solo un segundo. Esto quizás explique el fenómeno llamado "curva arqueada de posición seriada"[13], referida al proceso que siempre recordamos mejor de una lista de artículos los que están al comienzo y final de la lista, que serían los menos "contaminados" o superpuestos por los otros artículos. Las experiencias subjetivas[14] en primera persona, efectuadas en meditación disipativa (modelo Cread 90), permite replicar el modelo de cuatro etapas, dejando así expuestas, como testigo, el total del proceso de la experiencia consciente.

---

[12] Estas etapas pueden asimilarse a los cuatro cuadrantes de la visión integral de Wilber: intencionalidad, cultural, cerebral y social.

[13] Los hacedores de cerebros. David H. Freedman.

[14] A. Damasio propone que la subjetividad emerge cuando el cerebro está produciendo no sólo imágenes de un objeto, no sólo imágenes de las respuestas del organismo al objeto, sino un tercer tipo de imagen, el de un organismo en el acto de percibir un objeto y responder a él.

TEORÍA DEL DESDOBLAMIENTO DEL TIEMPO

Jean Pierre Garnier Malet suscitó el interés de la comunidad científica y de los medios de comunicación en 1988, al presentar su teoría del "desdoblamiento del tiempo":

Resumen de la Teoría

"Tenemos dos tiempos diferentes al mismo tiempo: un segundo en un tiempo consciente y miles de millones de segundos en otro tiempo imperceptible en el que podemos hacer cosas cuya experiencia pasamos luego al tiempo consciente".

"Como su nombre indica, todos los tiempos que estaban divididos se vuelven uno solo. El primero que se integra con el tiempo presente es el futuro. Porque todo aquello que hemos imaginado ha formado potenciales, buenos o malos, dependiendo de nuestra imaginación, y por ello estamos obligados a vivir las consecuencias de nuestra imaginación, que se vuelven una realidad. Es decir, que actualizamos todo ese futuro. Evidentemente, como que siempre nos imaginamos cosas sensacionales, pacíficas, no violentas, nuestro porvenir será pacífico y no violento. Sin embargo, si las personas se divirtieran construyendo potenciales peligrosos, agresivos y violentos, tendríamos un futuro agresivo, peligroso y violento".

"El empleo es sencillo: basta con recibir el resultado de las informaciones desarrolladas en los tiempos imperceptibles futuros para saber lo que podemos hacer. El objetivo del desdoblamiento es estar siempre bien dirigidos, pero sin tener tiempo de saberlo, puesto que el desarrollo de la situación acontece en un tiempo que no existe para nosotros. En el otro tiempo transcurren días, incluso meses, mientras que para nosotros no transcurre más que un instante imperceptible. Recibo las consecuencias de mi pensamiento, generadas en el desarrollo a lo largo de ese tiempo acelerado, en forma de instintos e intuiciones".

TEORÍA DE LA PERCEPCIÓN CUÁNTICA

Cambio de paradigma de la percepción

Ahora, estamos llegando a comprender en un "cambio del concepto del mundo", en que la percepción ordinaria no tiene nada de ordinaria, sino que, en forma oculta, existe una especie de matriz o campo, que trasciende las limitaciones del espacio-tiempo, e incide en todo el espectro de la conciencia del ser.

Podemos concluir, entonces, que el proceso de Transformación de la Realidad, no significa cambiar de técnicas, sino que es una nueva visión de los conceptos y procesos de la percepción del universo en que se mueven. Es, como concluye Kuhn:

La vida cotidiana continúa como antes. Sin embargo, los cambios de paradigma hacen que los científicos vean el mundo...de manera diferente.

El cerebro no sería un medio de almacenamiento, sino un mecanismo de recepción de interferencias de ondas, tanto de la percepción ordinaria como de la memoria cuántica.

Hay, ahora, muchas formas para ingresar al territorio sagrado de nuestra interioridad, desde los conocimientos ancestrales de todas las culturas hasta las modernas formas de acceso al inconsciente. Pero todas ellas, nos llevan a contactarnos con la naturaleza. Hoy estamos en situaciones complejas que dificultan detenernos a escuchar el silencio. La vida transcurre, rápidamente, en todas las actividades de cada día. La parte del intelecto, análisis y de la razón, son los señores que mandan nuestras acciones. La intuición ni siquiera se le mira con respeto. Es una perturbación para la razón. No encontramos sentido a lo que hacemos y a lo que percibimos. La esencia de las cosas está vedada a nuestro alcance. Ni siquiera sabemos lo que esto significa. No conocemos la experiencia de eliminar las fronteras del objeto y el sujeto de la percepción. Si, así fuera, veríamos la esencia de todo lo que existe. Nos conectaríamos con la naturaleza, sus plantas, animales, aves, la tierra, el planeta entero. Hablaríamos otro lenguaje[15]. Y, obtendríamos sabiduría de esta conexión, tal como es el comportamiento inteligente de las abejas, que nos muestra Antonio Damasio[16].

---

[15] Los módulos del proceso autonómico están referidos al tipo de lenguaje utilizado, como elemento simple de activación de emergencias globales. La palabra es el principio de la creación. "Es el hacer y el saber, la acción sobre el mundo y la visión del mundo". Es un medio complejo de acción sobre la realidad. Las palabras serían la expresión o emergencia de una estructura interior y profunda de la realidad. Se dice que existe una relación "mágica" entre la palabra, el sonido

Ahora, el proceso autonómico comienza fijando una estructura, espacio o tema general del viaje que permita centrar la atención en un marco de probabilidad de ocurrencia del fenómeno psicológico buscado. Enseguida, se especifica, en forma autónoma, el sentido del viaje a través de un estímulo sensorial (físico o mental). Por último, se perturba el viaje con un estímulo externo (percepción sonora o táctil) produciéndose con toda esta combinación de estímulos sensoriales, la emergencia del "viaje" esperado. Todo esto tiene las características de un sistema abierto autopoiético (Maturana). El proceso autopoiético consiste en que un sistema abierto (por ejemplo, la mente) está determinado por su estructura que puede ser perturbado y acoplado con un agente externo, pero es autónomo de elegir su propia dirección. Más aún, el sistema decide qué y quién lo perturbará.

Ahora, en resumen, todos estos planteamientos, los intuía cuando escribí El universo en un instante de conciencia, pues allí señalaba:

-   Utilizar la mente mediante la conciencia cuántica, permite ampliar nuestra capacidad de percibir la realidad. De ahí que, en estados especiales de conciencia ampliada, se percibe que "lo sabemos todo" y que estamos unidos a la totalidad del cosmos. Así, por ejemplo, podemos identificarnos con el reino animal, vegetal, la Tierra o el cosmos en su conjunto. También podemos viajar en el tiempo hacia nuestros orígenes o incluso hasta la formación de la Tierra en experiencias del ciclo evolutivo.

-   Soy un fotón, que me desplazo por el universo del tiempo y el espacio. Me puedo identificar con cualquier cosa viva o "muerta" de este universo. Es decir, puedo trascender tanto mi identidad como el espacio-tiempo. Puedo transformarme en onda o volver a ser nuevamente partícula, dependiendo de mi intención.

-   Sin embargo, ya existe un camino. La hipótesis de este libro, es que ya existe una máquina del tiempo y que hasta el momento la hemos ignorado. Se trata de que nosotros, nuestro cuerpo, es la máquina del tiempo, y nuestra conciencia cuántica, (fotón) es el viajero del tiempo. Ahora, llegamos a la comprensión de que la única forma de viajar más allá de la velocidad de la luz es a través de la energía de conciencia.

---

rítmico, el momento, lugar y disposición e intencionalidad y que, con ello, estaríamos actuando en los tres cerebros (corteza, de mamífero y de reptil). De la interacción de estos, se produce la paradoja, conflicto producido en la mente, holística, plástica y de acción dinámica, con las estructuras lineales y dualistas de nuestros modos habituales de expresión lingüística.
[16] El error de Descartes. Antonio Damasio.

- Creo que la experiencia de acceder a los hoyos negros, es una experiencia que se tiene en el campo cuántico de energía a pequeña escala y, por lo tanto, la energía de la conciencia (fotón) tiene la capacidad de viajar por este túnel del tiempo, no así el cuerpo físico aunque todas las sensaciones las experimentemos en nuestro cuerpo a gran escala.

- Con el avance de la ciencia y el reconocimiento de las nuevas formas de vida y aplicaciones de la tecnología de la conciencia dual, estamos cada vez más cerca del cambio de paradigma de la conciencia como materia (sensorial) a la conciencia como energía (cuántica).

- Toda la información del pasado, presente y futuro está contenida en nuestra estructura cerebral y, de hecho, nunca estamos desconectados de los demás. Entonces, todos los recursos ya los tenemos y sólo debemos buscar una forma para extraerlos de nuestro interior. Es más bien, un cambio en la percepción y enfoque de la atención, en el otro estado de la conciencia, cuántico, que históricamente hemos dejado en el olvido.

John Lilly sostenía la existencia de otros modos de comunicación, ante los que el lenguaje humano devendría en obsoleto, porque las palabras humanas son incapaces de expresar a cabalidad: experiencias y emociones. Según Lilly, una civilización extraterrestre superior, emplearía estas formas totalizadoras de comunicación. Este tipo de experiencias indujo a Lilly a profundizar en el conocimiento de los estados de conciencia. A este fin diseñó cámaras de aislamiento sensorial, para flotar horas y horas. En los tanques, el cerebro se liberaba completamente de estas tareas, quedando libre para ocuparse de cosas más trascendentes. El cerebro derecho, el verbal, el racional quedaba de lado para dar paso al izquierdo, artístico, imaginativo. Por otra parte, Goswami señala que la conciencia puede tener acceso a una comunicación o memoria no-local; es decir, existe una "comunicación instantánea que se realiza sin intercambio de señales a través del espacio-tiempo". Asimismo, según plantea Jung, estos fenómenos serían visiones arquetípicas originadas en el inconsciente colectivo.

Entonces, hoy llegamos a la idea central de que nuestra conciencia, dada su condición de estado alterado de conciencia (intencional o espontáneo), permite el acceso a viajes en el tiempo y espacio. Como señalaba W. Buhlman en Aventuras fuera del cuerpo:

En el siglo XXI el estudio de la interacción de la tecnología física y la conciencia humana será una ciencia en sí misma. Sólo la conciencia puede observar y registrar las numerosas complejidades del espacio-tiempo y las realidades creadas por la mente.

Cuando se empieza a experimentar en estos campos de la conciencia transpersonal, pienso que uno accede a un campo en el cual no está limitado por las variables tiempo-espacio-identidad, similar al planteamiento teórico de los campos morfogenéticos de Rupert Sheldrake.

Sería como un "recuerdo" de experiencias de la humanidad (pasado, presente o futuro). De ahí que pienso que uno se identifica con la experiencia de cualquier otro individuo o especie en cualquier tiempo o espacio, como lo han experimentado algunas personas en talleres de meditación que he dirigido personalmente. En estados alterados de conciencia se puede viajar a los confines del universo en un instante. Incluso viajar a través del tiempo.

¡Nosotros somos la máquina del tiempo y sus tripulantes!

(III)   TIEMPO DE CREACIÓN

Si bien la inmersión en el tiempo cuántico puede obtenerse de diversas formas[17], las experiencias descriptas corresponden al acceso mediante las técnicas del proceso autonómico desplegadas en el conjunto de mis escritos.

Como señalábamos, sólo se muestran las experiencias de trascendencia del tiempo-espacio que pueden lograrse con el proceso autonómico.

(I)   EXPERIENCIA DEL CICLO EVOLUTIVO

Entre las experiencias de este tipo, tenemos las siguientes:

(en el viaje al origen del Cosmos) Me pasan muchas imágenes; era como ir a la velocidad de la luz.

(en el viaje de creación del planeta) A través de la piedra, me contacté con la Tierra; me sentí roca volcánica, y de ahí, un viaje por el magma incandescente. Escuché y sentí la pena del planeta por el inadecuado trato que tiene el hombre con nuestro planeta. Veía imágenes de tierras deforestadas, llenas de erosión, sin bosques. Sentí una profunda pena; fue una experiencia fuerte para mí.

(en el viaje al reino mineral) Me visualicé muy plana, como si fuera un papel que se desplazaba en el aire. Me sentía liviana, libre como el viento. Fue muy agradable y placentero no sentir mi cuerpo.

(en el viaje al reino vegetal) Me desorienté con la meditación. Finalmente veía árboles muy altos, de troncos café. Todo tan denso que no podía ver más allá. Me acerqué a uno de ellos, sentía su energía, él solo existía y no tenía expectativas de nada.

(En el viaje al reino animal) Me sentí un águila que planeaba en la región de Magallanes. Sentía el aire que tocaba mis alas, como era planear, sin hacer esfuerzo. Le pedí bajar para sentir como movía su cuerpo. Era sentirme libre, igual que ella. Me comuniqué con lo que ella sentía, su libertad, su fuerza y su libertad.

(en el viaje al mundo primitivo) En otra experiencia, recorrí una gran caverna, sentí y vi su gente, yo incluida en una tribu de ambiente prehistórico, donde todo tenía un orden, como cazaban, recolectaban hierbas.

(en el viaje por las antiguas comunidades) Visualicé una mujer hindú, de color aceitunado, que se desplazaba por calles de una época pasada. Luego llega a un palacio lleno de jardines; ella bailaba

---

[17] Se pueden dar experiencias de trascendencia del tiempo en el sueño paradójico (J.P. Garnier Malet), en ECM (R. Moody), en meditación, etc.

al estilo de la época y luego recorría los salones del palacio, lleno de oro y de contornos de esa cultura... Cambio de paisajes y personas... Era una sensación de tranquilidad y paz. Sentía peso en mi cabeza y cuello, en la parte de atrás del cuerpo.

De mi viaje por el tiempo, visualicé dos escenas; la primera en la época medieval, me siento asociada como un caballero con armadura. Siento, veo y escucho el golpeteo de las herraduras del caballo en el suelo de unas calles de piedras. Todo muy rústico. Luego, veo un hombre en Londres, en el siglo XVIII. Entra en un bar, sube una escalera, y se mira en un espejo. Está triste. Veo claramente su traje, su pelo cobrizo, tez blanca y su ropaje de la época. Aquí estoy disociada, miro todo.

(en el viaje al mundo de las ideas) Fue increíble recorrer un sueño que tengo. Sentía, escuchaba y veía la concreción de mi sueño. Suavemente recorrí cada parte de los lugares que iba a concretar. Sentía una profunda paz y satisfacción de haberlo logrado. Logré visualizar de manera más profunda todo aquello que deseo.

La siguiente experiencia, fue muy linda, muy enriquecedora para mí. Yo miraba en un espejo redondo toda mi vida; veía muchas imágenes mías desde ahora hasta el pasado, hasta llegar al momento de mi nacimiento, y luego, desde hoy hasta el día de mi muerte. Ahí está tranquila, satisfecha, en paz. Fue ver como un scanner de todas las partes y épocas de mi persona. Al final me unía a todas ellas; fue muy lindo.

Otro "primitivo moderno" vivió las siguientes experiencias:

(en el viaje al origen del Cosmos) Salí expulsado por una enorme energía luminosa. Fui proyectado hacia el cosmos, crucé tres soles y visualicé un color azul profundo.

(en el viaje de creación del planeta) Siento la piedra en mi mano, trato de analizar su forma, tiene dos caras planas, un borde medio redondeado rugoso, dos bordes más lineales, uno más suave y otro un poco rugoso. Es suave, debe ser piedra de río, suavizada por el agua, no es una piedra áspera de lugares secos y terrosos. Recuerdo la frase del evangelio, "Pedro, tú eres piedra, y sobre esta piedra edificaré mi iglesia". Siento la piedra sobre mi mano y la otra mano encima siente la textura de mi piel.

(en el viaje al reino mineral y vegetal) Pude ver claramente las hojas brillantes, escuchar el ruido del río, oler el viento, escuchar los pájaros y toda la naturaleza en todo su esplendor a mi alrededor. Un profundo sentimiento mezclado de recuerdos, del encuentro con la naturaleza, el contacto con el agua, con la tierra, con el aire. Mezcla de nostalgia, de estar consciente de que esto tan hermoso como es la naturaleza, el hombre la está destruyendo; pena.

(En el viaje al reino animal) Primero sentí al lado mío, como parte mía un perro. Salí de mi casa, corriendo sin saber cómo ya estaba en un sitio en el cual había mucha vegetación y agua; caminamos por la orilla del río y de pronto me sentí volando, era un ave y miraba mientras volaba muchos bellos paisajes, bosques entre cerros y agua (ríos). De pronto sentí la música como que venía del mar y me vi con otras aves juntas en la orilla del mar. Luego emprendí el vuelo nuevamente por sobre aquellos árboles de un verde maravilloso y sobre un agua muy cristalina.

(en el viaje al mundo primitivo) Estaba en la caverna con vestimenta de pieles y armas para cazar. Había mucha hambre en la tribu. Comenzamos un grupo a efectuar danzas rituales alrededor de una fogata en preparación de la caza para el día siguiente. Al amanecer salimos a cazar animales similares a venados.

(en el viaje por las antiguas comunidades) Comencé a sentir el temor que tenían los guerreros, que sabían que al otro día morirían en la batalla. Yo comprendía lo que pasaba por sus mentes.

(en el viaje de encuentro espiritual) Cuando empezó la música me conecté inmediatamente con el agua que me llenaba, era agua cristalina que llenaba mi cuerpo y cada célula. Cuando la música cambió, vi surgir del primer bambú otro más grande que recibía música del Cosmos y lo llenaba con un agua celestial. Cuando la música terminó, me convertí en paloma y salí volando incluso sentí que mis brazos eran las alas y volé a través de la música y era la paloma llena de la energía; estaba completa.

Las experiencias de este proceso tienen como su principal objetivo alcanzar un nivel más alto de conciencia, el samadhi o unión con lo Divino. Como vimos, una de las meditaciones es un emocionante recorrido por la **conciencia de evolución**, desde los orígenes del Cosmos hasta la aparición del hombre y su posterior desarrollo hacia el encuentro con lo divino. El proceso comienza con la conciencia de la creación de los planetas y estrellas del Universo. Le siguen la conciencia de formación de los minerales, vegetales y animales. Luego llegamos a la conciencia primitiva, de preservación de la vida del hombre de las cavernas. Continuamos con el espíritu de conservación de la especie, en la toma de conciencia ecológica. Desde aquí, entramos a la conciencia multiemocional de los mamíferos. Hasta este momento hemos avanzado por el mundo de las formas. Ahora, saltamos hacia el mundo de la conciencia del vacío de las formas, obteniendo en este punto la apertura de los centros energéticos para ser llenados por la conciencia divina. Al efectuar este recorrido evolutivo de la conciencia, permitimos desbloquear los siete centros espirituales (chakras). El proceso en esencia es curativo y puede que se manifiesten sensaciones de energía y emociones que pueden llegar al éxtasis.

Para experimentar un viaje evolutivo, más que un proceso intelectual se requiere de un mayor aprendizaje vivencial. Los ejercicios de viajes en el tiempo (regresión) permiten acceder a los niveles profundos de la memoria celular, descubriendo recuerdos que tuvieron lugar antes de nacer.

Con herramientas de meditación y relajación se puede vivir una experiencia consciente de vidas pasadas o futuras, "de vidas anteriores a las humanas, incluso hasta los inicios de la evolución, vidas de animales, dinosaurios, plantas, vidas moleculares primitivas sobre la tierra, minerales, formación de la tierra y de la luna, moléculas, átomos, formación del sol, electrones, protones, formación de galaxias, partículas cuánticas, e incluso del Big Bang mismo". Respecto de las vidas futuras, una proyección transpersonal de la evolución nos pone en contacto con la totalidad del universo de la conciencia, de la unidad cósmica.

(II)   ENCUENTRO DE VIAJE TEMPORAL

Características: Se manifiesta como un viaje a otras épocas, con todas las características de un recuerdo de esa experiencia, como una "regresión" a vidas pasadas. Se percibe la época en todo su esplendor, en el ambiente, vestuario, personajes, costumbres y como si estuviéramos representando una escena de una película histórica.

El viaje a otros tiempos y lugares es una experiencia extraordinaria. Aprendemos de las costumbres, vestuario, ambientes y formas de comportamientos desconocidos por nosotros. Esta vivencia provoca cambios que trascienden explicaciones racionales.

Debido a que estas experiencias han tenido una amplia difusión específicamente en terapias de regresión hipnótica, daremos una breve descripción de estas experiencias en talleres de meditación y que son las siguientes.

Vi un teatro con cortinas de terciopelo roja y butacas rojas, donde estaban representando una obra con personajes estilo rey Luis XVI con vestimentas muy lujosas. De ahí, me trasladé a esa época en un palacio donde predominaba el dorado en su decoración con salones muy lujosos.

Estaba en una cueva en la época de las cavernas. Mi ropa era solo una piel de animal. Sostenía un palo en mis manos frente a una gran fogata que iluminaba la cueva. Mi pelo estaba muy desordenado.

Me encontraba en una batalla de la época medieval y morían los soldados a mi alrededor.
Era un jinete parecido a un hombre.

Estuve primero en un castillo y bajaba escaleras para saludar a los súbditos. Después me trasladé a la época de Cristo y lo seguía para escuchar sus prédicas.

Visualicé las mismas imágenes de las épocas históricas que los otros participantes tenían.

Comencé estando en Egipto y de pronto estaba en la época de Cristo y vi a Jesucristo en la cruz. Viví el calvario y lloré y sufrí este momento.

Estuve en Grecia, en la época de Platón. También anduve en mi infancia.

Luego vi en una mesa un mapa con una corona de rey encima y esta comenzó a deformarse hasta convertirse en una nave vikinga que iba a la guerra. Me vi como un hombre con vestimenta de esa época hasta que finalizó la meditación.

Pude visualizar un jinete que se sacó la máscara de su casco, un jinete medieval al cual no reconocí.

Se me pasó en forma fija la idea de monjes sin rostro en un ambiente oscuro, medieval.

(III)   ENCUENTRO CON FORMAS ANIMALES

La identificación con aves, peces y animales es una experiencia muy enriquecedora por la desaparición de los límites de la trascendencia de la conciencia. La identificación con un animal nos hace ver y sentir la importancia de la cercanía de nuestra conciencia con la de otras especies. Esta experiencia, es similar al tercer estadio del trance del chamán, la identificación con un humano-animal o theriántropo.

Las siguientes experiencias describen estas actitudes.

Veía con los ojos el nivel de la superficie del agua y me di cuenta que el caimán que flotaba en el agua era yo.

Me encontraba en la selva con mucho temor. De pronto se me fue el miedo. Me había convertido en tigre.

Venía volando como un pájaro en el mar. Divisé unas ballenas y me convertí en ellas.

Primero me convertí en caballo. Después empecé a volar como un pegaso hacia el sol.

Sufrí una transformación; de águila me convertí en delfín y después en mariposa.

Me veía caminando y comienzan a caer estacas del cielo. Como esto me daba miedo, observo un pequeño chanchito de tierra y me convierto en él. Me siento pequeño, con una caparazón y me cuesta moverme. De pronto escucho un gemido de alguien y me convierto en un tigre en la selva para ir en su ayuda.

A medida que continuó la meditación tuve una visión de una chinita (insecto) que posteriormente se acercó a una jirafa. Las manchas de la chinita se integraron en las manchas de la jirafa. Esta fue a beber agua y con burbujas saliendo de su cuerpo se transformó en caballito de mar.

Como águila me vi volando desde un cerro y abajo veía bosques y ríos totalmente desconocidos. Después me desconcentré y me preocupé de los ruidos externos y de cosas que me pasaron durante el día, por lo que perdí totalmente mi relajación.

Me encarné en mi perrita "marilyn"; partí desde la plaza de mi villa; primero me vi como era ella, muy linda, blanca con manchas negras y solamente tenía ganas de jugar, correr y observar; me dirigí al sur, directo a Llanquihue a un lago muy hermoso y mi mayor diversión fue correr.

Salí de mi casa, de mi dormitorio con una vaca hacia el campo, pero veía el mar; la playa. Caminando me encontré junto a mi marido e hijos como somos hoy en día; vi nubes blancas, pasto verde y luego el mar, un atardecer. Luego un río, y nuevamente mi familia conmigo, en tranquilidad; los lugares eran todos conocidos.

Me vi en un prado verde amplísimo; vi un árbol frondoso en el medio y yo dirigiéndome hacia allí mientras un perro blanco jugando, saltando en mi alrededor; visión clara, pero breve.

Me sentí como un caballo que revolotea por colinas; luego el espacio se me hizo estrecho y me convertí en un ave con enormes alas abiertas, volando suavemente alrededor de un campo; iba y venía.

Fue una imagen monótona. Un caballo (supuestamente yo) corría por el campo en el ocaso y no paraba de hacerlo; lo que más me emocionaba era sentir la brisa y tener la sensación de algo inalcanzable.

Visualicé una mancha en la piel o en la tierra con forma ovoide que se fue cambiando de color café y algunas partes brillantes, en algún momento casi me sentí caballo, imagen que perdí rápidamente.

Me visualicé como un perro y recorrí varios lugares, partiendo de mi casa, salí de Santiago por la carretera 5, llegué a la playa, la recorrí, me encontré con una vaca, seguí recorriendo varias partes que no recuerdo con exactitud por unos cambios de la música me desconcentraban, pero estoy consciente de que recorrí varias partes. La vaca estaba en el campo. Al primer cambio de la música, me estaba quedando dormida y de ahí me desperté un poco.

En el animal que pensé fue un caballo negro y brillante y el inicio del recorrido de este caballo fue de un lugar verde con una gran montaña verde atrás; empezó a galopar en forma lenta y poco a poco tomaba velocidad y empezaba a recorrer un camino largo, rodeada de una gran cadena de montañas, con bastante vegetación, en la cual tenía caídas de agua.

Me visualicé con un elefante muy grande, lindo y dulce; antes de la música, salí montada en él desde mi casa y sobrevolamos calles de la ciudad y traspasamos la cordillera hacia otros países; quería volar con él hasta el África y caminar por la selva, pero al escuchar la música sentía estar en un lugar distinto a la selva, pero muy lleno de vegetación, con todo verde y pájaros cantando y una cascada de agua y sólo quería quedarme allá.

Primero todo negro, luego una imagen de perro pequeño jugando en el pasto; después veo un ave que observa una carretera con verdes campos (Sur de Chile) a los costados de ella; luego se va la imagen y empiezo a sentir calor hasta transpirar.

En realidad empecé siendo un caballo que salía desde la partida del club hípico y corría por un camino que a mí desde chico andaba (casa de abuelo) pero de pronto me veía dando vueltas por el cielo dando círculos igual como un cometa, pero en cosas de segundos vi que iba hacia un paisaje verde, cosa que era nueva pero en ese momento trataba de averiguar ¿Cuál era ese lugar? Y reaccionaba; hubo varios lapsos de lugares que no conocía pero al tratar de buscar o saber qué lugar era, me desconcentraba, pero era agradable la sensación de viajar volando siendo un caballo que volaba y aterrizaba. Fui a la cordillera y veía al caballo que se deslizaba hacia abajo y me dio frío.

En lugar de concentrarme en un solo animal, mi visión eran tres, una garza, un cisne, un felino; se mezclaban entre ellos. Luego de una larga pausa me vi envuelta en círculos de niebla o nubes que se me acercaban logrando con esto quedarme definitivamente con la garza volando a través del océano en un atardecer lleno de colorido. Volví al lugar de partida. Paz.

Me vi como un perrito coker spanish, que salía desde la plaza que está a una cuadra de mi casa y desde ese momento yo me fundí con el perrito y corrí feliz, sin cansarme, recorriendo caminos, cerros, pastos, mar, calles, incluso el Parque del Recuerdo donde está mi papá (en ese momento sentí mucha pena). Luego de recorrer millones de Km. Siempre corriendo y feliz, volví a mi casa muy contenta de estar nuevamente ahí. Terminé relajada, cansada y contenta.

Vi un tigre; no partí de ningún lugar sino que inmediatamente me vi en un lugar con pasto alto, había viento, pero agradable; siempre permanecí en el lugar sola, jugué, acaricié y luego el tigre se transformó en una manada de ciervos que se disolvían.

Comienzo siendo un ciervo que está en un hermoso prado, rodeado de flores y un riachuelo con aguas cristalinas. En este paisaje me muevo. Más tarde, voy volando sobre un "Dumbo" y viajo a hermosas playas de aguas quietas y de hermoso color que bañan arenas blancas y suaves. Más tarde, vuelvo a ser ciervo y sigo en el hermoso prado.

Vi un pájaro que volaba por campos y selvas amazónicas, todo verde, lleno de vegetación y ríos, luego me convertí en un caballo salvaje que corría y estaba con una manada por lugares más conocido como campo de la zona central; finalmente me convertí en pez que bajaba por una cascada, que luego llegaba al mar y en las profundidades encontraba un naufragio con un barco pirata, con un tesoro.

Partí de Punta de Tralca, siendo una tonina. Era parte de la tonina; di vueltas en la bahía y pasó un barco negro. Me uní al barco y salté un rato a su lado. Pero me aburrí de esa monotonía y partí hacia Tahiti a ver los peces de colores. Ahora andaba bajo el mar, a ras de la arena. Estaba muy iluminado y era arena blanca; veía escenas con sirenas coloridas que pasaban entre ramas del suelo del agua. No volví sino hasta que se terminó la música.

(IV)   ENCUENTRO CON LO TRANSPERSONAL

La realidad virtual tradicional, se define como "una tipología de la realidad simulada en que el actor observador-participante a través de instrumental visual, táctil y sonoro, con ayuda de un ordenador, percibe esa realidad e interviene en ella". Ahora bien, la realidad podríamos descomponerla en varios campos: Realidad sensorial, personal biográfica, perinatal, arquetípica y transpersonal_cósmica. Si consideramos el mundo de la realidad sensorial y personal como el mundo de la realidad cotidiana, los otros campos de realidad pertenecerían entonces al mundo de la realidad virtual y solo podemos acceder a ellos bajo ciertas condiciones psicológicas. De ahí, podríamos decir que Psicología Transpersonal es el acceso a la realidad virtual mediante cambios psicológicos de comportamiento. Estos cambios pueden producirse con ayuda de la meditación y relajación como lo describen los siguientes ejemplos obtenidos en talleres de meditación.

Pregunté al objeto quién era su dueño y me apareció la imagen de él.

Vi que el libro que acariciaba en mis manos contenía números y figuras geométricas.

Vi un caballo y otros animales mientras sostenía el libro en mis manos.

Visualicé épocas históricas sosteniendo y tocando el libro.

Con el libro que tocaba, vi funciones del cuerpo humano.

Comencé a sentir calor en mi cuerpo, me vi en un desierto. Luego, acariciando la piedra se transformó en una caverna obscura con estalactitas.

(V)   PARAPSICOLOGÍA AL ALCANCE DE SU MANO

La parapsicología contempla fenómenos de clarividencia, telepatía, visión remota, visión dérmica y otros aspectos de la conciencia que pueden estar comprendidos dentro de la psicología transpersonal.

Existen innumerables libros que describen los procedimientos y pasos a seguir para poder acceder al mundo de la parapsicología. Estas breves notas, bastarán para obtener los mejores resultados. Lo único necesario para tener LA PARAPSICOLOGIA AL ALCANCE DE SU MANO, es seguir sus indicaciones y tener la motivación de experimentar una aventura de viajes en meditación.

¿Pueden nuestras creencias alterar o determinar nuestro comportamiento parapsicológico? Así parece ser cuando comprobamos que bajo ciertas circunstancias podemos trascender nuestra identidad y transformarnos psicológicamente en seres del reino animal, vegetal e incluso mineral; que en esas situaciones no ordinarias, también podemos viajar (nuestra conciencia) a otros lugares e incluso trascender el tiempo, comunicarnos sin la participación del lenguaje (hablado, escrito o gestual). Nuestras creencias están determinadas por nuestra cultura y la biología. La cultura nos define lo que podemos hacer o no hacer, lo que es normal pasa a ser lo óptimo que podemos alcanzar. Nuestros sentidos filtran e impiden el acceso de otras realidades. Sin embargo, ahora sabemos, y lo hemos vislumbrado que podemos ir más allá de lo normal, hacia lo transpersonal. Existen formas de alterar el comportamiento, cambiando las estructuras y estados de pensamiento. Reestructurar el pensamiento es un acto de meditación y la meditación es el camino adecuado para producir las condiciones de las estructuras y estados del pensamiento o conciencia.

La realidad transpersonal comprende los fenómenos que están "más allá de lo personal" en donde mediante la utilización de por ejemplo algunas técnicas de alteración de la conciencia, se trasciende la identidad, el espacio y el tiempo. La realidad virtual, es la sensación que se produce al estar inmerso en un ambiente que tiene todas las características de producir sensaciones corporales (visual, táctil, sonora, etc.) que dan la sensación de ser observador-participante de la acción representada en nuestra conciencia. De ahí que, el agregado de "Realidad Virtual Transpersonal" no es más que una forma de decir que en esa realidad se perciben sensaciones en forma virtual.

Creo que la psicología transpersonal no solo es una nueva forma de explicar la realidad trascendente de fenómenos naturales de la manifestación de la conciencia sino que ante todo, es una de las formas científicas en que se puede demostrar necesariamente cómo a través de estados no ordinarios de conciencia producidos en la hipnosis, meditación, relajación, u otro medio, podemos acceder a fenómenos de trascendencia de identidad, de viajes a otros lugares y tiempos remotos, comunicación telepática, clarividencia, visión dérmica, psicometría, desdoblamiento, etc.

Todos hemos tenido la experiencia de nacer, pero seguramente pocos son conscientes de este proceso.

Todos tenemos la experiencia de vivir, pero pocos son conscientes de la plena presencia.

Todos podemos identificarnos con otros, pero pocos trascienden verdaderamente su identidad

Todos llegaremos a morir, pero pocos saben de la Experiencia Cercana a la Muerte (ECM).

Muchos conocen resultados de la física cuántica, pero pocos han tenido una experiencia cercana en el nivel cuántico.

Todos quizás hemos oído sobre la trascendencia, pero pocos son los que la han experimentado.

La experiencia trascendente, permite revivir el proceso del nacimiento.

La experiencia trascendente, permite estar plenamente presente y trascender el tiempo y el espacio.

La experiencia trascendente, permite identificarse con ave, peces, animales, personas o cosas.

La experiencia trascendente, permite tener una ECM.

La experiencia trascendente, permite acceder a una visión quántica directa del Universo.

En estados meditativos y de relajación, podemos aprender directamente en tres dimensiones, a color y en movimiento con todas las sensaciones que produce la inmersión virtual identificarnos con el comportamiento de un ave, pez, animal, vegetal o mineral; visiones del mundo del origen de las ideas y de creación de las "formas platónicas"; viajes a otros lugares conocidos o desconocidos de otros tiempos; comunicación sin lenguajes ni gestos, sino en forma telepática en resonancia con los objetos de las personas (psicometría).

Es como tener la parapsicología al alcance de la mano.

Entre las experiencias de este último grupo tenemos las siguientes:

Mientras acariciaba el anillo, tuve una visión de un camino hacia una casa. Entré a ella y vi sus muebles y en un sillón estaba la persona que resultó ser dueña de la joya.

Todas estas aplicaciones en la educación permiten acceder a un conocimiento directo e intuitivo de la realidad, que están disponibles actualmente y que pueden complementar el conocimiento tradicional ofrecido por los organismos e instituciones educativas.

(VI)   ENCUENTRO DE VISION INTERIOR

La "Visión Interior", no es más que una forma sencilla de hacer consciente el inconsciente, y consiste básicamente en que relajadamente, sin llegar a quedarse dormido, debemos con los ojos cerrados, concentrarnos en la respiración y en el cuerpo e intentar "ver" lo que ocurra al interior de nosotros mismos, sin ningún tipo de deseos y búsquedas, ni prejuicios y análisis de los acontecimientos. Después de un cierto período de tiempo, podemos comenzar a experimentar ilusiones visuales, como imágenes del inconsciente que no están relacionados con la memoria normal, sino que se parecen más a las imágenes nítidas de sueños.

Entre las experiencias de este tipo tenemos las siguientes:

Estaba a punto de lograr una relajación profunda, me detenía y volvía nuevamente a relajarme. La música me hizo sentir mucha paz y abandono.

Con mi respiración de exhalar y expulsar, logré que todo mi organismo acompañado de la música lograra una paz y armonía general.

Concentré mis pensamientos en la respiración, en el estómago; luego, comencé a limpiar mi cuerpo lavando los huesos, los órganos, los pulmones, el estómago; eliminé grasas y suciedad; visualicé zonas blancas.

Una vez que me puse a meditar, me sentía como un tirabuzón en que mis pies se estiraban hacia arriba, como elevarme; vi solo colores, y fueron dos, se repite el color gris; primero fue gris con verde así como nubes pequeñas; después fue gris con naranja; después gris con azul, un segundo después gris con amarillo en todos los tonos; al final fue gris con celeste; demasiado hermoso todo el proceso.

Relajación profunda combinada con períodos de sueño; cuerpo con sensación de flotar; se producen algunas imágenes aisladas; cierta inestabilidad del cuerpo al "flotar"; agradables sensaciones.

Este proceso fue como una toma de conciencia de mi cuerpo, de su dimensión y peso. Me sentía encerrado dentro de él.

Sentí que no era necesario retener ni ideas, ni imágenes; parecía como que algunas sombras cambiaban de tamaño. Me quedé dormida varias veces. No alcanzaba a tener pensamientos completos. Solo en alguna oportunidad creí que me encontraba en una selva amazónica con mucha humedad y vegetación; me bajó la temperatura del cuerpo.

Empecé a dar vueltas en forma muy lenta; era como los gimnastas al dar vueltas hacia adentro.

Muy relajada, agradable, pero con algunas incomodidades; dolor de cuello.

Paz, relajación total. Sentí que la luz disminuía, como si tuviera los ojos abiertos.

Estoy muy bien; estaba en paz, tranquilidad, flotaba, no sentía nada.

Regresión; diferentes etapas de vivencias, buenas y malas. Sensación de paz que me produjo un profundo sueño.

Sentí la sensación de que mi ser se limpiaba y se llenaba de energías, botando todo lo sucio, molesto y pesado que sentía que tenía adentro. Quedé liviana, tranquila. Vi también, o mejor dicho, me sentí arrastrada hacia unos remolinos con mucha luz, preciosos y de colores pasteles. Me sentí en esos momentos llena de paz.

Lo más repetitivo fue enfrentarme a una puerta, entrar a túneles, pero nunca pude abrir la puerta; colores, esqueletos que se disolvían, flores, mujer caminando.

Al comienzo veo una serie de luces que me llevan a la entrada de algo; es como un "nacer"; luego la sensación es como la de ir descubriendo cosas paso a paso. La música provoca una sensación de tranquilidad. Sin embargo, no soy capaz de terminar la meditación porque mis pensamientos van de un lado a otro y despierto antes del tiempo esperado.

Me costó concentrarme; me pareció muy larga; empecé imaginando con la música a gitanos españoles cantando y tocando guitarra; luego vi un paisaje con hindúes y gente.

Siento que mi espíritu, mi yo interior, trasciende mi cuerpo; tiene forma incorpórea e ingrávida, como un fantasma sin sábana. Flota, siente la música, es afectada por los sentimientos; sensible a los sentimientos pero no a las sensaciones físicas y se contacta con los otros espíritus, independiente de sus cuerpos, en otra dimensión distinta a la física.

Me costó evadirme. Al hacerlo me pareció estar frente a una "entrada de luz" grande, sin límites pero muy clara y hermosa. Después viajé por muchos lugares indefinidos.

Sentí una sensación agradable de ingresar a una especie de templo con árabes (sin rostro) vestidos de ropa color tierra. Pero no pasó de ahí. Me iba a situaciones pendientes de la oficina y de lo que me espera en la casa y que tengo que ir al cajero automático para tomar taxi. De repente tuve la sensación que me dormía porque se me soltaba en forma brusca los músculos de brazos y cuello.

Bajé por la columna con mucho movimiento, como por escaleras de huesos huecos, con sonidos (como cuando uno toca un xilófono) bajé como por un tobogán, era cavernoso, alto. Llegué a la vejiga, allí estaba luminoso, era como una bolsa llena de líquido, me fui a los pulmones y luego salí por algún lugar.

(VII)   OTRAS EXPERIENCIAS

Sensación: Flotar y volar.
Características: Es un estado alterado de la percepción que produce la sensación de un cambio de ubicación y posición del cuerpo. Nos sentimos sobre el piso, en distintas posiciones a la que permanecemos en ese momento y fuera de nuestro cuerpo.

Experiencia Subjetiva Tipo:
Sentí que iba perdiendo los sonidos exteriores que oía en ese momento; después, empecé a sentir como si flotara en plácidos movimientos, de gran suavidad, casi con movimientos muy lentos; fue una experiencia muy agradable.

Primero sentí una sensación de flotar y de movimientos hacia delante.

Me sentí relajado y sentí como si flotara en el mar frente a una bahía con un gran peñasco a mi izquierda del oleaje rompiendo en la costa.

Me sentí flotar sentada en la misma silla incluso con ella más alto que el resto de la gente presente y, en el mismo lugar.

Luego siento mi cuerpo ingrávido en el piso.

Partí pronto volando en momentos rápidamente.

Después un paisaje con mar, me imaginé que era un águila que volaba por extensas llanuras.

Estoy en una burbuja y me elevo en el aire; paso por encima de árboles, de la playa, de ciudades. La burbuja se deposita en una hoja y va por un riachuelo. Una ráfaga de viento la eleva y deposita en el jardín de mi casa de niña.

Fue un sentir profundo, una sensación de elevación, y me elevaba y elevaba; tal parecía que daba vueltas hacia atrás y volvía a darme vuelta; no habría salido de este estado maravilloso.

Sensación: Desdoblarse y disolverse.
Características: Corresponde a una sensación de que nuestro cuerpo no nos pertenece y que nos separamos de nuestro cuerpo físico, o también que se empieza a disolver. Muchas veces provoca temor el sentirse salir de su cuerpo, lo que dificulta acceder a estas experiencias.

Experiencia Subjetiva Tipo:
Me relajé totalmente, fue agradable, estuve a punto de desdoblarme, pero al darme cuenta, me dio susto y regresé.

Sentí que durante un momento prolongado mi cuerpo se durmió en una unión sustancial como elemento físico. Al contrario de mi conciencia, estaba muy alerta, abierta y clara. Visualicé muchas cosas, personas y situaciones. Creo que fue un primer paso de poder conscientemente separar la mente del cuerpo. Mi espíritu estuvo aquí en cada momento a lo mejor fue una primera conexión cuerpo, espíritu, conciencia.

Sentí una sensación de relajamiento muy grande, casi como que parte de mi cuerpo se desprendía del tronco, una sensación de sentirme como en millones de trocitos, de cada parte de mi cuerpo.

Mi cuerpo está absolutamente pesado, relajado, casi disuelto.

Colores claros, luces, círculos girando, niños en sillas giratorias, sensación de cuerpo disuelto.

Realmente no me costó mucho después de recorrer el cuerpo de pies a cabeza como dos o tres veces, empecé a sentirme liviana. Como que mi cuerpo no era el mío; mis brazos no los sentía como míos.

Sensación: Energía.
Características: Contempla experiencias que producen la sensación de corrientes internas de calor y frío y/o de corrientes eléctricas y de energía que recorren todo el cuerpo, contorciones y sonidos internos, que pueden asemejarse en cierta medida a la experiencia de despertar de la energía kundalini.

Experiencia Subjetiva Tipo:

Fue una etapa neutra donde estaba tan lleno de energía que solo estaba de espectador sin sensaciones negativas, disfrutaba solamente.

En algún momento el sonido era como que recorría todo mi cuerpo.

Sensación: Viaje espacial.

Características: Trasladarnos a diversos lugares en forma instantánea, es una de las pocas experiencias que demuestra la facilidad de trascender nuestra percepción limitada por la visión de nuestro entorno inmediato. Es muy grato experimentar estos viajes a diversos lugares del planeta.

Experiencia Subjetiva Tipo:

Fue una sensación muy agradable y más aún ver con qué facilidad viajaba y cambiaba de paisajes, agua, luz, vegetación, gente. Muy grata.

Me resultó grato el viaje. Sentí que viajaba en tren por sobre un gran puente; abajo corría un gran río; después nos internábamos por el bosque. Viajé a distintos lugares con la música que escuchaba.

Sensación: Encuentro y/o identificación con aves, animales o peces.

Características: Es un proceso de identificación con seres del reino animal, y pueden producirse metamorfosis o transformaciones múltiples. Podemos visualizar que somos acompañantes de los animales o también podemos sentirnos ser el animal.

Experiencia Subjetiva Tipo:

Luego como si fuera una cámara de videos, giré alrededor de este último y aparece una cara de un animal pequeño muy bonito.

Luego, realmente me vi en la jungla con la vegetación y animales.

Un ave sobre un puente; luego veo un camión rampla; lo empiezo a seguir y con los ojos de águila veo los detalles del camión.

"Me veo como una águila muy bella y majestuosa, con alas doradas que vuela por sobre las altas cumbres, entre las montañas, es una experiencia muy placentera, libre, majestuosa, siento el viento, el frío; vuelo y veo desde mi altura al frente un grupo de cóndores que vuelan muy bellos...fuertes. Sigo volando y comienzo a ver el paisaje cordillerano, siento la altura, después entro en vuelo a la ciudad, recorro por entre las personas, y paso por el lado de ellas incluso volé entre la casa de (....); percibí a su nana, pasé por su lado, volé por entre nosotros y luego volví a la montaña, fue como ir de visita y tocar a algunas personas, en la ciudad. Luego me miro desde lejos y veo como vuelo y es como si una cámara hiciera un zoom sobre mis patas y se ve que están aterrizando desde ese punto de visión; aterrizo y veo mis patas doradas y al ir pisando la tierra se van transformando en pies desnudos aterrizando suavemente sobre la tierra y eso provoca una profunda emoción, al caer ya completamente mis pies ya son humanos y me agacho y tomo un anillo que está sobre el suelo, es un anillo muy bello, tiene una hilera de diamantes de los colores del arco iris, lo coloco en mi dedo anular de la mano derecha, y se interrumpió mi visión cuando terminó la meditación..."

Así, describía la experiencia de meditación una de las participantes que trabaja con energía, desde hace varios años, "canalizando, conectando a las personas con su divinidad, sanando las emociones, vidas pasadas, cuerpos físicos o emocionales, con el propósito de crecimiento espiritual. Ella puede leer el campo energético y comunicarse con distintas dimensiones y energías de luz de alta frecuencia, que se expresan en versos y metáforas". Después continuaba su relato.

"Comienzo viendo al frente una puerta de madera de bambú o algo parecido que tiene un sello que la cierra es un símbolo muy bonito y se abre y entro por ahí; luego voy sintiendo unos colores y texturas al ir entrando a ese espacio, había un color turquesa y podía sentir la textura del lugar era muy especial la sensación, al ir avanzando se sentían unas oleadas de energía, muy agradable; luego veo bajo mis pies que se aparece una especie de dos vigas de madera por las cuales comienzo a caminar sobre ellas, y voy mirando entre el espacio de las vigas unos restos humanos, tumbas abiertas que voy mirando desde arriba a través de estas vigas, y es como un recorrido por muchas vidas a través de estás tumbas abiertas; luego veo otros portales con sellos que se abren y entro a través de estos, y cambia el paisaje, todo se vuelve luz, con unos bellos colores de luz azules, dorados, cristalinos, y me subo a una especie de nave con otras personas y viajamos por el espacio volando; se siente la inmensidad y la sensación de vuelo en el espacio, nos rodean muchas luces como guías de este viaje, luego siento que llegamos a una especie de plataforma de luz, y me bajo y unos seres de luz, colocan en mis manos una figura geométrica de luz en tres dimensiones, realmente como un holograma, mejor dicho, y yo debía insertarlo en una esfera grande de luz azul cristalina, luego me pasaron otra y volví a hacer lo mismo en la esfera mayor, tuve que colocar cinco figuras geométricas en esta esfera, y luego la esfera como que explotó en luz hacia el universo; fue muy bello muy emocionante."

Había comenzado a llover ese sábado 12 de julio, día indicado para reunirnos un grupo de 8 personas para compartir una combinación de instrumentos de desarrollo físico, mental y espiritual. Cada uno de nosotros aportaría sus habilidades: tres de los integrantes son canalizadores, dos son practicantes de reiki y masajes terapéuticos, una quiropráctica, mi señora y yo completábamos el grupo. Comenzamos parte de la jornada con momentos de lectura y conversación para luego, irnos a almorzar. Posteriormente, nos integramos a una sesión de meditación en la que yo era el protagonista, como instructor-guía del proceso meditativo. Con el propósito de que los participantes vivieran la experiencia de unicidad de la naturaleza, expresada en las formas de vida de los vertebrados (animales, peces o aves) y, por otra parte, la expresión de emociones que se dan preferentemente en una experiencia inusual e inesperada en otro tiempo, realizamos dos técnicas de alteración de conciencia; la primera, de "transformación personal" y después un "viaje por el tiempo".

Entre las "experiencias de transformación" que fueron obtenidas por varios de los participantes figuran los vuelos de águilas, como la descrita anteriormente. En cambio, las experiencias de "viajes por el tiempo" fueron bastante disímiles. Es así que hubo experiencias de "viajes" a Egipto, a Lemuria[18], a México (tiempo de los aztecas) y otras épocas de la historia.

Para finalizar este capítulo veremos las experiencias de dos personas que llegaron, una con esperanzas y la otra con mucha incredulidad en estos procesos de la mente. Veamos cómo nos describen sus relatos.

Encuentro con su padre

"Intentamos ver a mi padre, quien había fallecido el 1 de noviembre pasado producto de una caída en la tina fracturándose el cuello. A mi padre no lo vi por más de veinte años. No éramos precisamente cercanos. La última vez que lo vi estaba inconsciente, días antes que falleciera. Con posterioridad visité su casa, de la cual no conozco mucho detalle.

Iniciamos la experiencia del espejo, una experiencia que consistía en imaginarse el espejo en el cual debiera ver las imágenes. Me costó primero, imaginarme un espejo en forma oblicua. Y más aún ver imágenes en él…

De pronto me vi subiendo por una escala hacia un segundo piso de una casa, vi de pronto un espejo que estaba en una pared, de aquellos ovales o redondos con marco de metal negro, con una pequeña mesa también de fierro, con cubierta de mármol, pero no lograba ver nada de lo que buscaba. Empecé a llamar, no sé si en voz alta o sólo en mi mente, a mi papá, como si estuviera en algún lugar de esa casa, y miraba hacia los lados a medida que avanzaba por el pasillo, movimiento que si fue notorio para Omar.

Fue un momento largo, sin encontrarlo. Temía que se acabara la música y hasta ahí no más llegara.

De pronto estaba parado en el umbral de una habitación. No vi mucho en ella, solo que tres de sus lados estaban cubiertos de espejos, iluminada por dos luces empotradas en el techo cerca de los espejos, luces más bien tenues, el color que dominaba la habitación era verde musgo, oscuro, la textura era similar a la felpa.

Miré hacia el frente pero no recuerdo haber visto mi reflejo. Miré hacia mi derecha, y ahí estaba mi padre. No lo vi de cuerpo completo, sólo hasta la cintura, con el torso desnudo. Me miró como si estuviera sorprendido, desconcertado quizás. No sé si apareció desde una segunda puerta al lado mío o estaba al otro lado del espejo. No había sonidos.

---

[18] Lemuria es el nombre de la última parte del Gran continente que existió en el Pacífico Mu. La verdadera destrucción de Mu y su subsiguiente hundimiento empiezan en los 30,000 AC. Esta acción continuó por muchos miles de años hasta que la última porción del antiguo Mu, conocido como Lemuria fue también sumergida en una serie de nuevos desastres, los cuales terminaron entre 10,000 y 12,000 AC.

Alguien le dijo, me imagino, "¿quién es?". El dijo algo así como mira quien está aquí. Una mujer menuda se asomó, posiblemente su madre, mi abuela paterna, también luminosa. Me miró y se retiró lentamente desapareciendo de mi vista. Quedamos solos mi padre y yo. Era un instante extraño, una situación como la que se produce cuando hemos ido a despedir a alguien al bus o al tren: uno dentro y el otro fuera separado por una corta distancia y un vidrio que impide escuchar lo que el otro dice, llenando ese momento con una comunicación hecha de gesticulaciones, sonrisas y miradas.

Yo sólo miraba. Mi padre lucía joven con su poco cabello negro (fue calvo desde joven) se veía luminoso, más luminoso de lo que era posible con la luz de la habitación. No sé si había más luz para él o si de él emanaba luz, pero no era enceguecedora.

Luego de un rato, lo veía sonreír, una sonrisa leve, como la que tenemos cuando sabemos que nos da gusto ver a alguien, pero no lo admitimos abiertamente. Hacía, no sé cómo describirlo, las poses que habitualmente hacen los físico-culturísticos para mostrar su musculatura, su buen estado físico, como diciendo, mira que bien estoy, estoy con un cuerpo envidiable, joven, haciendo ostentación de él, pero no una ostentación fuerte, sino la que haríamos a un niño para divertirlo, como si su propósito fuera entretener a un niño, algo carente de agresividad, de malicia. Solo un juego para entretener.

Sentí el momento de volver, de dejarlo. Dejé de mirar a mi derecha, donde había aparecido. Ahora miraba al frente, pero no veía mi reflejo ni a mi padre. Sentía que estaba a mi lado, mirando al mismo lugar que yo.

Una sensación me acompañó cuando la experiencia estaba terminando y que siguió por un largo rato más. Imagine a alguien parado junto a usted, digamos a su derecha. La persona pone su mano derecha en su brazo, entre el hombro y el codo y lo aprieta suavemente, como cuando alguien que lo estima lo acompaña a la puerta de su casa.

Mi padre falleció de 73 años. La casa de mi padre tiene un pasillo similar al de mi experiencia, pero sin espejos, solo unos marcos con fotos."

Testimonio de Incredulidad

"Debo ser muy sincero con mi persona. Es cierto, antes de este taller no creía en absoluto de los resultados que se llegan a percibir con las ciencias no exactas. Pero estaba equivocado. Aunque fue un primer y diminuto encuentro con las técnicas de meditación, fue un gusto conocerlas.

Lo primero que puedo mencionar, es lo esencial del entregarse y no dudar de lo que se intenta enseñar. Pienso que al aplicar lo anterior, podrán darse cuenta de lo bonito es todo lo que envuelve a la meditación.

En lo personal, tuve distintos grados de gozo con cada una de las técnicas experimentadas, basadas en distintos sentidos que desarrolla el ser humano. El tacto, enfocado en sentir un objeto elegido al azar me permitió imaginar los rasgos y características de un niño, cuando lo que en realidad estaba palpando era una piedra.

El sonido, fue la experiencia más fuerte para mí. Creo que el ser músico tiene mucho que ver con aquello. Cada canción escuchada, me transportó a distintas épocas y situaciones. Recuerdo haber visto el anillo de Saturno muy cerca de mí, cuando viajaba sobre un planeta. Recuerdo además, el viaje en un barco de guerra, el cual tenía como energía las fuerzas desplegadas por cada uno de los remeros azotados y maltratados por otros hombres; yo era uno de los remeros. Y cómo olvidar cuando me transformé de alguna forma en un elefante, el cual divisaba la naturaleza y animales que se situaban a su alrededor.

Bueno, espero que de una u otra forma este testimonio sirva para conocer un poco más, temas que son distantes a la mayor parte de las personas, que como yo vive en mundos alejados a estos".

CONCLUSIÓN

Hoy estamos siendo testigos y participantes del "Despertar de una época", del despertar espiritual. Donde quiera que vayamos encontramos indicios de este despertar de la conciencia. Parece que lo inconsciente ya se está haciendo consciente. Y está sucediendo en todos los ámbitos, en la educación, salud, trabajo, etc. Las sincronicidades se multiplican hasta el infinito. El lenguaje empieza a cambiar y esto transforma la realidad. Los conceptos de la ciencia pasan a estar en las conversaciones ordinarias y habituales de casi todas las personas. Existen algunas que no se dan cuenta de esto y pasarán sus vidas como si nada ha sucedido. También habrá algunos que temerán estos cambios y les provocará ansiedades. Otras, en cambio, a pesar de que verán el cambio que les provocará incertidumbres, quedarán en un estado lejos del equilibrio que les permitirá ascender a otros niveles superiores. Todo esto nos puede causar mucha angustia y ansiedad, tal como señala la doctora Olga Kharitidi, (que en un estado de meditación obtuvo la siguiente visión).

"Tu gente vivirá tremendos cambios personales. Tal vez les parezca que ha llegado el fin del mundo. Y en muchos aspectos será así, pues gran parte del viejo mundo será en efecto reemplazado por un nuevo modo de existencia. La estructura psicológica de cada persona quedará transformada, pues su antiguo modelo de la realidad ya no será suficiente. Tu gente experimentará y aprenderá a comprender otra naturaleza de su ser. Eso sucederá de una manera distinta para cada persona. Para algunos, será fácil y casi instantáneo; otros tendrán que luchar con esfuerzo y dolor, e incluso habrá algunas personas tan profundamente arraigadas en vuestras antiguas leyes de la realidad que no se darán cuenta de nada en absoluto."

Veamos, de acuerdo con esta visión, el significado de por qué estos cambios nos afectarán tanto.

Primero, *"Tu gente vivirá tremendos cambios personales"*, significa que la gente comenzará a percibir que vive en un mundo de incertidumbre. Nada tiene certeza. Ni la ciencia puede asegurarnos la verdad. Tendremos que personalmente experimentar los cambios, pues nadie nos garantiza la aprehensión de la realidad. Incluso la realidad "objetiva" parece frágil e inalcanzable.

Segundo, *"Tal vez les parezca que ha llegado el fin del mundo"*, significa que no hay donde asegurar el futuro. No podemos planificar nuestro futuro pues cada día nos trae caos y cambios inesperados. Nadie nos asegura algo consistente, firme y permanente en el tiempo.

Tercero, "gran parte del viejo mundo será en efecto reemplazado por un nuevo modo de existencia", significa que viviremos en la constante del cambio. Esta forma de existencia es creativa y transformadora. Todo puede cambiar y rápidamente quedar obsoleto.

Cuarto, "La estructura psicológica de cada persona quedará transformada", significa que la conciencia pasa al primer plano. Tiene incidencia en nuestra forma de ver y hacer la realidad. Lo "subjetivo" vale tanto como lo aparentemente "objetivo" y todos los puntos de vistas son verdades en la relatividad de la realidad.

Quinto, "su antiguo modelo de la realidad ya no será suficiente", significa que estamos expuestos a alterar la realidad y acceder a otros mundos, tan reales como al que estábamos acostumbrados anteriormente. Aumentará exponencialmente nuestras capacidades al estar abiertos a otras visiones de la realidad.

Sexto, "experimentará y aprenderá a comprender otra naturaleza de su ser", significa que somos más de lo que creemos que somos y podremos vivir conscientemente estas formas del ser.

Séptimo, "sucederá de una manera distinta para cada persona", significa que el cambio es personal y que nadie cambia a otro sino que cada uno es responsable de sí mismo y arquitecto de su propia vida.

Octavo, "Para algunos, será fácil y casi instantáneo", significa que el cambio no requiere de complejidades sino que necesita solo de la interacción de elementos simples que ayudarán al cambio.

Noveno, "otros tendrán que luchar con esfuerzo y dolor", significa que algunos se resistirán y vivirán dolorosamente el cambio. Negarán esta visión y por lo tanto no accederán a esta visión.

Décimo, "no se darán cuenta de nada en absoluto", significa que es un cambio sutil que puede no ser consciente de ello. Como si, al comprender que la Tierra se mueve pudiésemos percibir el movimiento de ella, pero seguimos como si nada sucediera y continuamos la vida igual.

Como lo hemos visto en otra ocasión, existe alguna relación desconocida del Megalítico monumento de Stonehenge[19], con el Calendario Maya, con la Biblia,

---

[19] El monumento de Stonehenge se relaciona con diferentes situaciones en su historia, como en las siguientes formas:
 a) Descendientes de los mayas, han cruzado el océano para llevar su ritual a Stonehenge: "Soñé que tendríamos la oportunidad de proyectar hacia el mundo nuestro conocimiento

con una experiencia espiritual, con el pensamiento Complejo, con los misterios del universo en una caverna, con el proyecto ALMA y con otros "mensajes" de la Tierra[20] que, amerita tomar medidas urgentes y adecuadas a esta etapa de crisis y evolución de la humanidad; se tiene asombrosas relaciones de semejanza entre sus componentes individuales y, que en el conjunto, nos hacen descubrir que en ellas está presente algún mensaje global, de una probable e indeterminada emergencia, sobre algo que converge hacia una compleja interacción de elementos, en un próximo futuro.

Los últimos 5200 años (período del No-Tiempo) estaría llegando a su término en esa fecha. Sería la cúspide de la evolución del ser humano en el universo. Un cambio del caos al orden. Una profunda transformación planetaria. Un nuevo amanecer de un paradigma de la evolución. El alejamiento del equilibrio, estaría formando las condiciones para un salto a otra estructura del universo en la humanidad. Una Nueva Era estaría comenzando, la irrupción o emergencia del "ser luminoso", donde "Sudamérica comenzaría a jugar un rol fundamental a gran escala, trayendo orden al mundo". Sería un acceso a nuevos niveles de conciencia superior. Podría significar el inicio de una prolongación de la vida, de la inteligencia, de la mente y del espíritu que afectaría todas las actividades del ser humano en este universo. Estaríamos al borde de entrar a una nueva forma de "Ver" y "Hacer" la Realidad, lo que traerá consigo un cambio global en nuestra

---

y que sería en Stonehenge", señala el sacerdote Luis Nah, descendiente de 17 generaciones de la antigua civilización Chilam Balam.

b) Los conceptos desplegados en las profecías, en la Biblia, tienen características de los sistemas complejos: mensajes, trono, entrada, sellos, muchedumbre, trompetas, testigos, cantos y verbo.

c) El monumento de Stonehenge se ha asociado a fenómenos paranormales y visitas de Ovnis.

d) Se estima que Stonehenge marca la etapa final del neolítico y del cambio de conciencia participativa del pensamiento complejo del hombre primitivo, punto crucial en la historia de la humanidad, donde la agricultura cambia la forma de vida y se produce el nacimiento de la sociedad actual (Morris Berman). Entonces, Stonehenge sería el punto de inicio del proceso de involución de la mente del ser humano. Sería necesario, volver a recordar, ahora en nuestro tiempo, lo que éramos sin predominio del ego y de la distinción del sujeto/objeto en que vivían nuestros ancestros, que nos enfrenta como opositores del mundo de la realidad. Hemos perdido la consciencia de estar unido a la naturaleza y todo lo que la comprende. El pensamiento complejo, nos puede permitir volver a nuestras raíces primogénitas, de épocas remotas o de nuestra infancia, donde esta consciencia de unicidad se manifestaba o manifiesta cotidianamente.

[20] Otros mensajes que pueden estar mostrándonos hacia dónde vamos, son fenómenos de percepciones proyectadas en cristales, apariciones y desapariciones, telepatía, clarividencia, precognición, fenómeno Ovni, pensamiento complejo del hombre primitivo y proceso de involución.

vida sensorial, mental y espiritual. Sin embargo, aunque estén dadas las condiciones para la transformación, el cambio debe venir de nuestra intención libre de la cual seremos plenamente responsables con nuestra autonomía. Estaremos en un estado de incertidumbre para el cambio, un lugar en que no sabremos hacia dónde vamos, pero si asumimos como propios nuestros hechos, construiremos una realidad esperada y buscada.

En el Apocalipsis de San Juan se predice la llegada de un cometa llamado "Ajenjo" como símbolo del "Final de los Tiempos", señales que, como los Incas predicen, viene un caos que retornará nuevamente al orden con el surgimiento de un nuevo ser humano al término de este período de agitación. El "final del tiempo del miedo" será el comienzo de una era dorada en la Tierra. Hay un cambio en la percepción del tiempo. Ellos señalan la llegada de "Pachacuti". Será, como señala Aurobindo, un "despertar" del cuerpo a nivel celular y más aún de los átomos que facilitará el acceso de los seres humanos a niveles profundos de conciencia. Será la emergencia compleja de algo producido por interacciones producidas a todo nivel material, mental, espiritual.

El Modelo de viajes en el tiempo, sostiene que contempla el universo de la información desde los orígenes del Big Bang, (hace unos 15.000.millones de años). Entonces, el proceso logra poner al alcance del participante de la experiencia de evolución de la **conciencia desde los orígenes del Universo** hasta sus ancestros y llevarlo posteriormente, a sentir su desarrollo y evolución hacia la espiritualidad.

En resumen, la conciencia o el primer acto de conciencia fue una configuración arquetípica, que dio origen al "Big Bang" de la conciencia y, que continuó con el tiempo, en procesos recursivos (autopoiéticos) que fueron desplegando una historia (evolución) de la conciencia individual y colectiva. Entonces, podemos terminar haciendo una síntesis de los puntos centrales en que se tocan la física con la conciencia, un nuevo paradigma de evolución de la conciencia:

- La conciencia comienza desde el origen del universo.

- La conciencia está conectada a todo el universo.

- La conciencia trasciende la materia y energía.

- La conciencia está condicionada en una estructura arquetípica.

- La conciencia está inserta en una estructura disipativa.

- La conciencia es parte de un sistema complejo.

- La conciencia es un proceso autopoiético.

- La conciencia es un proceso que se crea y desaparece a cada instante.

- La conciencia tiene intención, reconocimiento, sincronización y respuesta.

- La conciencia percibe antes que se produzca la intención y respuesta.

- La conciencia es libre de nuestro "yo".

- La conciencia contiene a la memoria: clásica o cuántica.

- La conciencia cuántica emerge solo al perturbar la memoria clásica.

Ahora, ¿hacia dónde llegaremos con el modelo de viajes en el tiempo?

La última percepción, de la conciencia cuántica, persigue trascender y/o transformar la identidad-espacio-temporal.

Se manifiesta en:

- Capacidad para ser actor multidimensional de todas las realidades.
- una relación con todo lo que nos rodea.
- alcanzar la percepción consciente de estar Todo en Uno y ser Uno con Todo.
- un contacto virtual con todos los seres y cosas del planeta o con otras dimensiones.
- una comprensión de tu relación con el universo.
- crear realidades en ese espacio que lo impregna todo: el Campo Punto Cero.

REFERENCIAS

Bulhman, W. (2001) Aventuras fuera del cuerpo. Buenos Aires: Editorial Sirio.

Capra, F. (2003). Las Conexiones Ocultas. Barcelona: Editorial Anagrama.

- (2006). La Trama de la Vida. Barcelona: Editorial Anagrama.

Chopra, D. (1989). La Curación Cuántica. México: Editorial Grijalbo.

Damasio, A. ((2009). El error de Descartes. Barcelona. Editorial Crítica.

Freedman, D (1996). Los Hacedores de Cerebros. Santiago de Chile: E. Andrés Bello.

Garnier, J. P. (2014). Entrevistas 2010 – 2012 y 2015.

Goswami, A. (2008). La física del alma. Barcelona España. Ediciones Obelisco, S.L.

Kharitidi, Olga. (1999). El círculo de los chamanes. Barcelona: Urano

Leakey, R. (2000). El Origen de la Humanidad. Madrid: Editorial Debate S.A.

Maturana, H. y Varela, F. (2004). De Máquinas y Seres Vivos. Argentina: Editoriales Universitaria/Lumen.

Moody, R., Jr. (1984). Vida después de la vida. Madrid: Edaf.

- (1997). Más sobre vida después de la vida. Madrid: Edaf.

Mctaggart L. (2006). El campo. Buenos Aires Argentina. Editorial Sirio

Peña, O. (2004). El Universo en un instante de conciencia. Stgo. de Chile: Lom Ediciones Ltda.

- (2006). Cambio de sentido. Santiago de Chile: Mago Editores.

- (2015). Breve historia del alma de Stonehenge. Amazon: CreateSpace.

- (2015). Espacios de la mente. Amazon: CreateSpace.

- (2015). La exploración. Amazon: CreateSpace.

- (2015). Conciencia. Amazon: CreateSpace.

Radovic, C. C. (2005). ¿Por qué ocurrió el Big Bang? Santigo de Chile: Editorial Universitaria S. A.

Varela, F. (1999). Dormir, soñar, morir. Santiago de Chile: Dolmen Ediciones.

- (2005). Conocer. Barcelona: Gedisa.

- (2010). El fenómeno de la vida. Chile. J.C. Sáez Editor.

Varela, F., Thompson, E. y Rosch, E. (2005). De cuerpo presente. Barcelona: Gedisa.

Watzlawick, P. (1986). El lenguaje del cambio. Barcelona: Herder.

- (1993). La realidad inventada. Barcelona: Editorial Gedisa.

- (2009). ¿Es real la realidad? Barcelona: Herder.

Wesselman, H. (1999). El mensaje del chamán. Barcelona: Plaza & Janés.

- (1998). Encuentros con el espíritu. Barcelona: Plaza & Janés.

Wilber, K. (1989). La conciencia sin fronteras. Barcelona: Kairós.
-   (2003). Una teoría de todo. Barcelona: Kairós.
-   (1998). Breve historia de todas las cosas. Barcelona: Kairós.

www.ingramcontent.com/pod-product-compliance
Lightning Source LLC
Chambersburg PA
CBHW081243280526

45787CB00006B/2776